Es wagen, die Liebe zu leben

Imprimatur:
P. J. de Saint-Blanquat, Bischof von Montauban;
am 21. November 1993

Umschlagbild:
Die Begegnung Joachims mit Anna
an der Goldenen Pforte

Französischer Originaltitel: «Oser vivre l'Amour»

PARVIS-VERLAG
CH-1648 HAUTEVILLE / SCHWEIZ

Postsendungen in alle Länder

Gedruckt in der Schweiz

ISBN 3-907523-60-1

Georgette Blaquière

Es wagen, die Liebe zu leben

Übersetzung: Margrit Meyendriesch

Parvis-Verlag
CH-1648 Hauteville/Schweiz

Meinem geliebten Gemahl Jean-Paul † gewidmet

Marie-Cécile und Claude,
Martine und Pascal,
meinen Kindern,

Marie-Paule †, deren Hilfe mir sehr wertvoll war, und die so sehr gewünscht hatte, dieses Buch vollendet zu sehen;

all den jungen Familien, die mich mit ihrer Zuneigung beschenken und die mir ihr Vertrauen entgegenbringen;

jenem unbekannten jungen Mädchen, das einmal nach einem Vortrag zu mir gekommen war, um mir zu sagen: «Das, was Sie sagen, das muß gesagt werden, denn das weiß man nicht…»

Meinen lebhaften Dank möchte ich auch dem hochwürdigsten Herrn Bischof de Saint-Blanquat aussprechen, der die Güte hatte, dieses Buch vorzustellen, und der es mit so warmherzigen Worten tat.
Auch all jenen gilt mein Dank, die dieses Buch in ihrem Gebet mitgetragen und es mir durch ihre materielle Hilfe ermöglicht haben, es zu verwirklichen.

Vorwort

Dieses Buch habe ich als ein Geschenk empfangen.

Es stellt uns in klarer Ausdrucksweise und in allgemeinverständlichen Worten die Einzigartigkeit der christlichen Ehe vor Augen, die ihr Leben aus den Quellen des Wortes Gottes schöpft.

Diesen Weg der Heiligung der Gatten zeigt es auf.

Es spricht von jenem Wagnis, das in ihrer Berufung besteht, in den Ausdrucksformen einer in größtmöglicher Wahrheit gelebten Liebe den Bund Christi mit seiner Kirche Gestalt gewinnen zu lassen.

Es wagen, die Liebe zu leben.

Ja, wagen wir es, das zu sein, was wir sind: Kinder eines Gottes, der nichts anderes als Liebe ist.

Durch die göttliche Liebe sind wir zum Leben erweckt worden, und am Abend unseres Lebens werden wir über die Liebe gerichtet werden.

Leben und lieben ist ein und dasselbe.

Wagen wir es, durch das Zeichen der Armut einer menschlichen Liebe hindurch, Zeugnis zu geben von der Liebe Christi zu seiner Kirche, denn dies ist es, worin unsere Berufung besteht.

Ich empfehle die Lektüre dieses so belebenden und stärkenden Buches sowohl den jungen wie auch den älteren Ehepaaren, all denen, die sich auf die Gründung eines Hausstandes vorbereiten, ebenso wie auch den ehelos Lebenden, den Priestern und den Ordensleuten. Alle werden dort ihre Nahrung finden.

Wir sind ja alle aus der gleichen Liebe geboren, deren Quelle in Gott ist, und wir sind unterwegs zu dieser gleichen Gottesliebe, die allein in der Lage ist, vollständig die Erwartung unseres Herzens zu erfüllen.

Wenn auch die Wege verschieden sind, so ist sich die Autorin, welche Exerzitien für Eheleute, aber auch für Priester geleitet hat, doch sehr wohl der Tatsache bewußt, daß die Reifung, die Krisen und auch das Wachstum in die Tiefe den gleichen Gesetzen unterworfen sind und ähnliche Etappen durchschreiten.

Dies ist keineswegs erstaunlich, denn unsere Fähigkeit zu lieben hat ihren Ursprung in unserer geheimnisvollen Ähnlichkeit mit Gott, der die Liebe ist.

Gott bleibt Gott, aber diese Ähnlichkeit ist bei uns oft durch die Sünde getrübt.

Daher gilt es, gegen die Erschlaffung zu kämpfen, sowie gegen die Routine, den Egoismus, die Besitzgier, den Stolz, die Nachlässigkeit.

Nehmen Sie in diesen schwierigen Augenblicken das Buch von Georgette Blaquière erneut zur Hand und wagen Sie es, die Liebe zu leben!

J. de Saint-Blanquat
Bischof von Montauban

Einführung

In diesem Buche habe ich verschiedene Vorträge zusammengefaßt, die auf zahlreichen Exerzitien für Ehepaare gehalten wurden, besonders in der Gemeinschaft der Seligpreisungen, im Kloster «Martha und Maria von Bethanien» in Nouan-le-Fuzelier. In den meisten Fällen habe ich den Vortragsstil beibehalten. So erklären sich manche Wiederholungen in den einzelnen Kapiteln. Ich hoffe, daß der Leser es mir verzeihen wird.

Manche werden wohl erstaunt sein, daß ich so wenig von «der Familie» gesprochen habe. Ich habe mir nämlich vorgenommen, diese Meditationen auf das Ehepaar zu konzentrieren, denn die Krise des Ehepaares ist heute der Ausgangspunkt der Probleme der Familie. Ich habe den Versuch unternehmen wollen, allen, den Jungen und den weniger Jungen das Wort Gottes darzulegen, so wie es aus der Tradition unserer Kirche empfangen und uns heute vor Augen gestellt wird, um in der Ehe die Liebe zu leben. Ich habe mir vorgenommen, nicht alles zu sagen, sondern Türen zu öffnen. Wir werden erstaunt die Weisheit, aber auch die Kühnheit unserer Kirche auf diesem Gebiete feststellen, sowie das Vertrauen, das sie dem Menschen entgegenbringt, welches so groß ist, daß sie manchmal naiv erscheint, und die Freiheit, zu der sie uns hinführt.

Es handelt sich zunächst um Vorschläge zur Lebensführung. Allzuoft schließen wir uns in den Rahmen von zu respektierenden Gesetzen ein, die wir anschließend zu rechtfertigen suchen..., oder aber wir begehren gegen sie auf, indem wir der Kirche jede Zuständigkeit auf diesem Gebiete absprechen. Sowohl die eine wie auch die andere Haltung sind in höchstem Grade bruchstückhaft. Die Gesetze sind ungeachtet ihrer Notwendigkeit nichts anderes als Gerüste, die wir manchmal als das vollständige Haus ansehen. Es scheint mir, daß es heute mehr als je zuvor an der Zeit ist, die Vorzeichen zu ändern und diese Logik umzukehren.

Das Wesentliche ist das Leben. Jesus ist gekommen, um uns das Leben zu geben, und zwar *das Leben in Fülle* (Joh 10,10), indem er sich als die Wahrheit und den Weg zuerkennen gab. Wenn die moderne Welt von der Liebe spricht, dann gibt sie ihr allzuoft ihren Standort in einer Logik des Todes. Ist die große Frage, von so schmerzvoller Aktualität, nicht hierin zu sehen: «Wie kann man "die Liebe praktizieren" und sich zugleich vor dem Tode schützen?» Ich glaube, hier ist einer der Gründe zu sehen, vielleicht — wenn auch unbewußt — der hauptsächliche, der dazu führt, daß die Jugendlichen einen Widerwillen gegen den Gebrauch von Präservativen zu erkennen geben. Sie weigern sich zuzustimmen, daß die Liebe in ihrer Spontaneität den Tod im Gefolge haben könnte. Und sie haben recht damit. Ich bin davon überzeugt, daß die christliche Vorstellung von der Liebe in der Ehe, mag sie manchmal auch hohe Anforderungen stellen, vielleicht die einzige ist, die die wirkliche Liebe in all ihren Dimensionen, einschließlich der Ausübung der Sexualität, zu retten und neu auf das Leben hin auszurichten vermag. Es geht um die Zukunft des Menschen, es geht um das Heil des Menschen.

Um dementsprechend zu leben, erfordert es Wagemut, die Kühnheit des am Pfingstfest ausgegossenen Heiligen Geistes.

Diejenigen, die sich als Jünger Christi verstehen, können sich nicht mehr von einer günstigen Umgebung tragen lassen. Sehr oft sehen wir uns gezwungen, gegen den Strom zu schwimmen. Deshalb möchte ich, daß dieses Buch ein Aufruf zur Kühnheit sei, zur Kühnheit, um von der Liebe zu sprechen, zur Kühnheit, um die Liebe zu leben.

Glaubt es mir, es lohnt sich...!

Stark wie der Tod ist die Liebe,
die Leidenschaft ist hart wie die Unterwelt.
Ihre Gluten sind Feuergluten,
gewaltige Flammen.
Auch mächtige Wasser können die Liebe nicht löschen,
auch Ströme schwemmen sie nicht weg... (Hld 8, 6-7).

Mögen Maria und Josef, ihr Gemahl, uns die Türen zum wiedergefundenen Garten aufschließen, wo die Geliebte, auf den Arm des Geliebten gestützt, aus der Wüste heraufsteigt und die Unendlichkeit der göttlichen Liebe verkündet.

Georgette Blaquière

Der Göttliche Plan

1. Das Mysterium der Erwählung

Gepriesen sei der Gott und Vater unseres Herrn Jesus Christus:
Er hat uns mit allem Segen seines Geistes gesegnet
durch unsere Gemeinschaft mit Christus im Himmel.
Denn in ihm hat er uns erwählt
vor der Erschaffung der Welt,
damit wir heilig und untadelig leben vor Gott:
Er hat uns aus Liebe im voraus dazu bestimmt,
seine Söhne zu werden durch Jesus Christus
und nach seinem gnädigen Willen zu ihm zu gelangen,
zum Lob seiner herrlichen Gnade.
Er hat sie uns geschenkt in seinem geliebten Sohn.
(Eph 1, 3-6)

Aus Gnade bin ich, der ich bin

«Ich habe dich beim Namen gerufen» (Jes 43,1)

Als die Pharisäer sich an Jesus gewandt hatten, um mit ihm über die Ehescheidung zu sprechen, verwies er sie auf die Betrachtung des göttlichen Planes «am Anbeginn»: «Nur weil ihr so hartherzig seid, hat Mose euch erlaubt, eure Frauen aus der Ehe zu entlassen. Am Anfang war das nicht so» (Mt 19.8). In diesem *«Es war nicht so»* ist, wie es scheint, die ganze Sehnsucht Gottes enthalten, der etwas anderes für seine Kinder gewünscht hatte, die es aber nicht wollten…

Seit dem Anbeginn vernehmen wir diesen Anruf Gottes, der in der Bibel ständig wiederkehrt, der seinen Plan verkündet, seiner Enttäuschung Ausdruck verleiht und seinen Aufruf wiederholt.

Der Plan Gottes scheint mir am umfassendsten und kraftvollsten im ersten Kapitel des Briefes an die Epheser ausgedrückt:

> *Gepriesen sei der Gott und Vater unseres Herrn Jesus Christus:*
> *Er hat uns mit allem Segen seines Geistes gesegnet*
> *durch unsere Gemeinschaft mit Christus im Himmel.*
> *Denn in ihm hat er uns erwählt vor der Erschaffung der Welt,*
> *damit wir heilig und untadelig leben vor Gott.*

Er hat uns aus Liebe im voraus dazu bestimmt,
seine Söhne zu werden durch Jesus Christus
und nach seinem gnädigen Willen zu ihm zu gelangen,
zum Lob seiner herrlichen Gnade.
Er hat sie uns geschenkt in seinem geliebten Sohn.
(Eph 1,3-6)

Dieses Wort trifft uns mitten ins Herz. Es ist für mich, für heute. Ich muß zu verstehen suchen, was es in seinem ganzen Realismus ausdrücken will. Wenn ein Mann und eine Frau sich vereinigen, dann gibt es, wie wir wissen, eine Eizelle und Millionen von Samenzellen und demnach Millionen von Möglichkeiten, was die daraus entstehenden Kinder betrifft. Natürlich, die Begegnung der Eizelle mit dieser oder jener Samenzelle verläuft den Naturgesetzen entsprechend. Wenn diese aber das «Wie» zu beantworten vermögen, so können sie doch auf das «Warum» keine andere Erklärung abgeben als die des «Zufalls», womit nicht das Geringste erklärt wird. Warum bin gerade ich ins Leben gerufen worden, wenn nicht auf Grund der Wahl eines Gottes, der mich persönlich kennt, mich erwählt, mich wollte, schon vor der Erschaffung der Welt, das heißt, in der ewigen Gegenwart seiner Ewigkeit.

Die ewige, die unendliche Liebe hat mich in ihrem Herzen getragen, als es noch nichts gab außer Gott und als der Geist Gottes *über den Wassern schwebte;* sie hat mich erwählt, *um heilig und unbefleckt in seiner Gegenwart in der Liebe zu leben.*

Die Vorherbestimmung ist nicht jene Karikatur, wie man sie uns manchmal vor Augen stellt: manche seien auserwählt, um gerettet zu werden, während andere als unvermeidlicher Abfall der Schöpfung fallengelassen würden, als ob Gott eine so absurde Auswahl zu treffen vermöchte… Wir sind alle zur Heiligkeit «vorherbestimmt», das heißt, wir sind dazu geschaffen, im Herrn Jesus Christus, dem Einzigen, dem Vielgeliebten, an Kindes Statt angenommen zu werden. Dies ist die grundlegende Offenbarung unseres Glaubens.

Daher sind wir alle und ein jeder von uns einzig in dem Einzigen. Niemand unter all den Milliarden von Menschen, die jemals gelebt haben und die jemals leben werden, hatte mein Antlitz oder wird es haben. Sogar die Zwillinge haben etwas, das sie voneinander unterscheidet. Von welch staunendem Hingerissen-Sein müßten wir eigentlich erfüllt sein angesichts der Vielfalt der Schöpfung und ganz besonders des Menschen...! Gott erschafft immer etwas Neues. Ich bin einzig für ihn, und er erkennt mich an meinem Antlitz, wie ein Vater sein Kind erkennt.

Du wirst mich «Mein Vater» nennen (Jer 3,19)

Daher besteht der erste meiner Glaubensakte darin, bereit zu sein, freudig und mit Danksagung eine Beziehung kindlicher Liebe zu Gott herzustellen, ihn als meinen Vater zu betrachten und auch meinerseits ihn frei zu «erwählen», denn es gibt keine Liebe außer der, welche frei gegeben wird.

Die Bibel ist voll von den Seufzern Gottes, weil er nicht erhört wird in der Sehnsucht seines Vaterherzens:

> *Ich hatte gedacht:*
> *Ja, ich will dich unter die Söhne aufnehmen*
> *und dir ein liebliches Land geben,*
> *das herrlichste Erbteil unter den Völkern!*

(Es ist der Traum Gottes, uns mit Gütern zu erfüllen, die unser Erbteil sind in unserer Eigenschaft als seine Kinder.)

> *Ich dachte, du würdest mich Vater nennen*
> *und dich nicht abwenden von mir* (Jer 3,19 ff).

Lassen wir diese Worte in unsere Herzen eindringen, achten wir doch auf diesen Ruf Gottes an jeden von uns, hören wir doch, wie er zu uns spricht: «Mein Kind, ich habe dich gewollt, ich habe dich ins Leben gerufen, ich würde dich so gern mit Gütern erfüllen. Warum weigerst du dich...?»

Dies ist unsere Geschichte, dies ist meine Geschichte, dieses ständige Mißtrauen angesichts der Liebe, die das Herz des Vaters uns anbietet. Es ist die Geschichte der Menschheit vom Anbeginn her. Hier ist, wie mir scheint, die Eingangstüre, um in das Buch Genesis einzutreten, um diese großartige und schmerzvolle Geschichte Gottes und des Menschen am Anbeginn zu vernehmen. Diese Worte enthüllen uns im Licht des Heiligen Geistes das Geheimnis des Menschen, sie gehen viel weiter, als die ganze Philosophie und alle menschlichen Wissenschaften jemals zu gehen vermöchten. Setzen wie uns doch intensiver dem Lichte des Wortes unseres Gottes aus: *Ich dachte, du würdest mich Vater nennen und dich nicht abwenden von mir...*

Diese Klage Gottes ist zugleich ein Aufruf, in welchem die Hoffnung mitschwingt, daß wir doch wiederkommen: *Kehrt um, kehrt um, ihr abtrünnigen Söhne, ich will eure Abtrünnigkeit heilen!* Gott sagt nicht «bestrafen», sondern «heilen», denn er weiß, daß wir uns in erster Linie selbst Leid zufügen, wenn wir uns von ihm trennen.

2. Die Schöpfung des Menschen

Du hast mit allen Erbarmen, weil du alles vermagst,
und siehst über die Sünden der Menschen hinweg,
damit sie sich bekehren.
Du liebst alles, was ist,
und verabscheust nichts von allem,
was du gemacht hast;
denn hättest du etwas gehaßt,
so hättest du es nicht geschaffen.
Wie könnte etwas ohne deinen Willen Bestand haben,
oder wie könnte etwas erhalten bleiben,
das nicht von dir ins Dasein gerufen wäre?
Du schonst alles, weil es dein Eigentum ist,
Herr, du Freund des Lebens.
(Weish 11, 23-25)

Der Mensch nach dem Bilde Gottes

Nach dem Bilde Gottes schuf er ihn (Gen 1,27)

Zwei Schöpfungsberichte folgen einander in der Bibel. Der erste, welcher die Priesterschrift genannt wird (etwa um das 6. Jh. v. Chr. anzusetzen), ist eine liturgische Dichtung, in der die Schöpfung Gottes und sein Segen einander abwechseln: *Gott sprach: Es werde, und es war... Gott sah, daß es gut war...*

Als es sich aber um den Menschen handelte, ging Gott anders vor. Was hier geschieht, spielt sich auf einer anderen Ebene ab. Um was geht es hier?

Zunächst ist eine Art Trennungslinie festzustellen zwischen der materiellen Schöpfung und der Erschaffung des Menschen. Im Augenblick, da Gott den Menschen erschafft, hält er an. In einem geheimnisvollen, unerklärbaren Plural sammelt er sich gleichsam in sich selbst: *Laßt uns den Menschen machen als unser Abbild, uns ähnlich.* Viele Theologen sehen hierin die erste Offenbarung der Dreifaltigkeit, als ob der einzige Gott gleichzeitig mehrfach existiere und in einem geheimnisvollen Ratschluß in sich selbst einkehre. Gott erschafft den Menschen nicht im gleichen «Arbeitsgang» wie die übrige Schöpfung, er hält vielmehr an, es sammelt sich, und dann...

> *Gott schuf den Menschen als sein Abbild;*
> *als Abbild Gottes schuf er ihn.*
> *Als Mann und Frau schuf er sie.*

Das Abbild, dies ist es, wozu wir berufen sind. Die Ähnlichkeit ist jene innere Dynamik, die uns von Stufe zu Stufe hinaufführt, bis wir zum Abbild Gottes werden. Hören wir hierzu den heiligen Paulus, wie er zu den Korinthern sagt:

> *Wir alle spiegeln mit enthülltem Angesicht die Herrlichkeit des Herrn wider und werden so in sein eigenes Bild verwandelt, von Herrlichkeit zu Herrlichkeit, durch den Geist des Herrn* (2 Kor 3,18).

Dies ist es, was in uns wohnt. Jeder Mensch, mag er auch noch so tief gefallen sein, trägt in seinem Inneren den Ruf, von Ähnlichkeit zu Ähnlichkeit fortzuschreiten, bis er zum Abbild Gottes wird. Man sagt ja auch von einem Kinde, und zwar in dem Maße, wie es wächst: «Es wird seinem Vater immer ähnlicher», bis man eines Tages erkennt: «Er ist das Abbild seines Vaters geworden.»

Hierin liegt die große Offenbarung des Evangeliums: Jesus ist gekommen, um uns das Antlitz des Vaters zu enthüllen, damit «*wir ihm ähnlich sein werden, wenn er offenbar wird; denn wir werden ihn sehen, wie er ist*» (1 Joh 3,2). So viele Menschen suchen das Antlitz Gottes, um ihr eigenes wahres Antlitz zu finden! So viele Menschen sehnen sich tastend danach, ohne den Weg zu kennen! Alles ist vom Anbeginn der Menschheit an gegeben worden, aber alles wurde keimhaft gegeben. Der Mensch ist dazu geschaffen, im Laufe der Zeit, mit dem Elan seiner Freiheit, in immer stärkerem Maße Mensch zu werden, das heißt, mehr und mehr zum Abbild Gottes, nämlich immer «heiliger» zu werden, denn das ist ein und dasselbe. Vom ersten Tage an ist die Heiligkeit das Leitbild des Menschen.

Und wir, auf welchen Gott haben wir unseren Glauben gegründet? Von welchem Gott sind wir die Zeugen? Von einem großen Überwacher, der das Getriebe der Welt in Gang hält, oder von einem Vater, der den Namen jedes einzelnen kennt und ihn liebt?

Suchen wir wirklich das Antlitz Gottes im Antlitz Jesu, oder sehen wir in ihm bloß einen sanften Träumer oder einen gescheiterten Revolutionär?

Nehmen wir den Ruf wirklich ernst, das zu werden, was wir sind, nämlich *Söhne und Töchter*, und *heilig* zu werden? Oder entziehen wir uns dieser Anforderung unter dem Vorwand der Demut, indem wir sagen: «Das ist nichts für mich»

Suchen wir auf dem Antlitz dessen, der kein Antlitz mehr hat, wirklich unermüdlich den Widerschein seines einzigen Antlitzes als Sohn Gottes?

Seid fruchtbar (Gen 1,28)

Gott segnete sie, und Gott sprach zu ihnen: «Seid fruchtbar und vermehrt euch, bevölkert die Erde, unterwerft sie euch» (Gen 1,28). Die dem Menschen verliehene Fruchtbarkeit hat ihre Ursache zunächst darin, daß Mann und Frau nach dem Bild Gottes geschaffen sind, eines fruchtbaren Gottes, eines Schöpfergottes, der überströmt von Leben, eines Gottes, der — um es so auszudrücken — das Leben in die Freiheit entlassen hat, als er das Weltall schuf. Dieser Gott, «der Freund des Lebens», erschafft ein Menschenpaar, das in der Liebe sein Abbild sein soll und, da es sein Abbild ist, fruchtbar sein, sich vermehren und sich die Erde untertan machen wird.

In der materiellen Welt hatte Gott den Dingen ihren Lauf bestimmt, indem er sprach: «*Das Wasser wimmle…*, *das Land bringe lebendige Wesen hervor…*» usw.; kurz, die Dinge sollten sich aus sich selbst heraus reproduzieren, den ihnen eigenen Gesetzen entsprechend und je nach ihrer inneren Dynamik. Als es sich aber um den Mann und die Frau handelte, griff er selbst unmittelbar ein und befahl ihnen: «*Seid fruchtbar!*»

Damit offenbart er uns, daß die dem Menschenpaar gegebene Fruchtbarkeit ihre Rechtfertigung weniger in der Arterhaltung des Menschengeschlechtes findet als vielmehr in der Tatsache, daß der Mensch nach dem Bilde Gottes geschaffen wurde. Dies ist in der christlichen Offenbarung von großer Bedeutung. Die menschliche Sexualität ist nicht zunächst eine Naturnotwendigkeit, ein Bedürfnis oder eine Lust, die wie in der Tierwelt der Arterhaltung dient. Hier geht es zunächst um einen spirituellen Aufruf, so zu sein wie Gott, weil Gott das Leben selbst und der Spender des Lebens ist. Wenn man sich dessen bewußt wird, sieht man alles in einem neuen Licht, besonders, was die aktuellen Probleme der Bio-Ethik betrifft.

Als Mann und Frau schuf er sie (Gen 1,27)

Der zweite Bericht ist wesentlich älter, sehr wahrscheinlich um das Jahr 1000 v. Chr. entstanden. Ich denke, es wird nicht nötig sein, eigens darauf hinzuweisen, daß es sich dabei nicht um einen historischen Bericht handelt. Die Wahrheit, die er in sich birgt, ist auf einer anderen, wesentlich tieferen Ebene zu finden: mittels einer mythischen Erzählung, einer Art von Gleichnis (deren Anteil an «geschichtlicher Wahrheit» wir den Bemühungen der Gelehrten und Exegeten überlassen wollen), wird uns hier der Plan Gottes betreffs des Menschen offenbart.

> *Da formte Gott, der Herr, den Menschen aus Erde vom Ackerboden und blies in seine Nase den Lebensatem. So wurde der Mensch zu einem lebendigen Wesen.*

Gott bedient sich einer bereits vorher existierenden Materie: dem *Ackerboden*, womit die zu diesem Zeitpunkt bereits bestehende materielle Schöpfung symbolisiert wird. Wenn sich eines Tages beweisen ließe (aber das ist im Augenblick nicht der Fall), daß es sich dabei um einen der höheren Affen handelt, so würde das in keiner Weise die Botschaft dieses Berichtes in Frage stellen... Das Wesentliche befindet sich auf einer anderen Ebene: den «Menschen» gibt es erst von dem Augenblick an, wo der «Atem Gottes», das heißt, der Geist eben dieses Gottes über ihn kommt, dieser Hauch des Lebens, der Heilige Geist.

Die Gnade, ein Mensch zu sein

Der Gärtner Gottes

> *Dann legte Gott, der Herr, in Eden, im Osten, einen Garten an und setzte dorthin den Menschen, den er geformt hatte. Gott, der Herr, nahm also den Menschen und setzte ihn in den Garten von Eden, damit er ihn bebaue und hüte* (Gen 2,8 und 15).

Der Mensch ist also der König der Schöpfung, sowohl aus Erde als auch aus dem Geiste Gottes geschaffen. Er wurde von Gott in den Garten Eden gesetzt, das heißt, in den «Garten des Glückes», um ihn zu bebauen und zu hüten. Der Mensch empfängt von Gott dieses Charisma. Ein Charisma ist eine freie, ungeschuldete Gabe, die dazu befähigt, einen Dienst auszuüben. Das erste Charisma des Menschen findet sich zusammengefaßt in diesen Worten: *bebauen und hüten.*

Der Garten Eden ist das Symbol des Glückes im freien Emporsprudeln des Lebens. Der Schöpfergott ist ein Gott, *der ein Freund des Lebens ist* (Weish 11,26), und er vertraut dem Menschen, *der nach seinem Bilde geschaffen ist,* die Sorge für das Leben in all seinen Formen an, aber auch die Aufgabe, es in der Welt des Geschaffenen wachsen zu lassen, so wie ein guter Gärtner seinen Garten pflegt und dafür sorgt, daß er Früchte trägt. Man sagt manchmal, daß der Blick des Bauern, der seine Erde liebt, den Weizen wachsen läßt und den Wein.

Das will ich gerne glauben. Der Mensch steht in enger Beziehung zum Leben des Kosmos. Früher wußte er es… Weiß er es heute noch? Ich glaube, ja, wenn ich z.B. höre, daß die Bauern sich weigern, die Erde brach liegen zu lassen, selbst wenn sie dafür Subventionen erhielten… «Das ist stärker als ich», sagte mir einer von ihnen, «ich kann es nicht…»

Parallel hierzu, unter einem anderen symbolischen Bild, sehe ich das Gleichnis vom Guten Hirten. Der Gute Hirte trägt Sorge für seine Schafe, er schützt ihr Leben, selbst wenn er das seinige aufs Spiel setzen muß; er führt sie auf eine gute Weide, er ist der Garant ihrer Freiheit, leben zu können: *sie werden ein- und ausgehen und Weide finden…* (Joh 10,9). Der Mensch ist der gute Hirte der Welt, und zwar ein guter Hirte, der fähig ist, sein Leben hinzugeben, um seine Schafe vor dem «Wolf» zu schützen, der, gleich einem Dieb, *«nur kommt, um zu stehlen, zu schlachten und zu vernichten»* (Joh 10,10).

Sein Leben hinzugeben, das ist die Grundlage jeglicher Autorität, wie immer sie auch geartet sei. Das Wort «Autorität» kommt vom lateinischen «augere»: vermehren, vergrößern, also «wachsen lassen». Unter der dem Evangelium entsprechenden Autorität ist nicht die Macht zu verstehen, dem anderen seinen Willen aufzuzwingen, es ist die Gnade, das Leben und die Freiheit der anderen zu Entfaltung zu bringen, indem man sich selbst hingibt. Dies ist es, was Jesus uns vom Wesen Gottes selbst offenbart.

Die Gabe des Gesetzes

> *Dann gebot Gott, der Herr, dem Menschen: Von allen Bäumen des Gartens darfst du essen, doch vom Baum der Erkenntnis von Gut und Böse darfst du nicht essen, denn sobald du davon ißt, wirst du sterben.*
> (Gen 2,16-17)

Um das Wachstum zu ermöglichen, sind Schutzgitter und Pfähle nötig, zumindest für eine gewisse Zeit. Dies ist die wesentliche Funktion des Gesetzes: *Ehe der Glaube kam, waren wir im Gefängnis des Gesetzes... So hat das Gesetz uns in Zucht gehalten bis zum Kommen Christi...* (Gal 3, 23-24).

Das zweite männliche Charisma ist die Bewahrung des Gesetzes, des Erlaubten und des Verbotenen. Daher hat Gott sich nach der Sünde des Anfangs zunächst an Adam gewandt. Auch hier können wir leicht durch das Vokabular in die Irre geführt werden: schon allein die Ausdrücke «Gesetz», «erlaubt» und «verboten» lassen den modernen Menschen zurückschrecken. Für Israel aber ist das Gesetz das wesentliche Geschenk Gottes. Jesus weist darauf hin, daß er nicht gekommen ist, *um das Gesetz aufzulösen, sondern um es zu erfüllen*, das heißt, um ihm seinen ganzen Sinn in seiner Vollendung zu geben.

Das Gesetz ermöglicht es dem Menschen, sich zu strukturieren und zu erkennen, wer er ist. Die Psychologen sind sich darüber einig, daß ein Kind, welches ohne feste Zucht und ohne Gesetze herangewachsen ist, seine Zeit damit verbringt, seine Identität herauszufinden. Wenn wir zu einem Kinde sagen: «Nein, du hast nicht das Recht, das zu tun, weil du noch zu klein bist, du wirst es tun können, wenn du erwachsen bist», dann sagen wir ihm damit zweierlei: zunächst helfen wir ihm, zu erkennen, wer es ist: «Ich bin ein Kind, ich bin noch kein Erwachsener.» Sodann erwecken wir in ihm den Wunsch, größer zu werden, erwachsen zu sein und die Möglichkeit zu haben, «das zu tun, was der Vater tut». Wir befreien in ihm eine Dynamik des Wachstums, welche lebenswichtig ist und in ihm den Wunsch erweckt, zu kämpfen und sich zu konstruieren, um größer zu werden.

Warum sollte ein Kind, das alles tun darf, das ein Recht auf alles hat und das nichts zu erobern braucht, es nötig haben, sich für irgend etwas anzustrengen? Warum sollte es wachsen wollen? Es verliert die Lebensfreude, es weiß nicht mehr, wer es ist, ein Kind oder ein Erwachsener, es läßt sich treiben von den Anregungen des Augenblicks, die es mit der Ausübung seiner Freiheit verwechselt. Wenn man zu einem Kinde sagt: «Tue, was du willst, wähle dir selbst ein Gesetz, oder wähle auch nicht, ganz wie du willst», dann bürdet man ihm eine Last auf, die es noch nicht tragen kann. Man nimmt ihm damit das Recht, ein Kind zu sein, denn es hat noch nicht die Kraft, Selbst sein Leben verantwortlich gestalten zu können. Diese Frustration kann für sein späteres inneres Gleichgewicht schwerwiegende Folgen haben. Es besteht dann die Gefahr, daß es sich in eine Traumwelt, in die Droge oder in die Gewalt flüchtet. Wir kennen alle diese Kinder, die sich weigern, erwachsen zu werden, die übersättigt und abgestumpft sind, und jene Erwachsenen, die ihr ganzes Leben lang unausgereifte Halbwüchsige bleiben.

Zu einem solchen noch recht primitiven Menschen sagte Gott ohne Zweifel im wesentlichen dies: «Ich bin Gott, und du, du bist ein Mensch. Dies und jenes darfst du tun, dies und jenes aber nicht, denn ich bin Gott, und du bist ein Mensch.» «Er ermöglicht es diesem Menschen, seinen Standort zu erkennen, und befreit gleichzeitig in ihm diese innere Dynamik, die ihn dazu einlädt, das werden zu wollen, wozu er geschaffen wurde, der Sohn seines himmlischen Vaters.

So sind die Worte Gottes von Anfang an Worte des Lebens, Worte für das Leben. Wenn er zum Menschen sagt: «*Wenn du davon ißt, wirst du sterben*», dann spricht er ihm gegenüber damit keine Todesdrohungen aus: Er warnt ihn nur ganz einfach vor den unausweichlichen Folgen der Übertretung des Lebensgesetzes, das er ihm gibt. Es ist so wie bei einem Kind, zu dem wir sagen: «Wenn du dem Feuer zu nahe kommst, wirst du dich verbrennen...»

Die Fähigkeit, Namen zu geben

Dennoch, angesichts dieses Menschen, der mit so kostbaren Gaben ausgestattet ist, scheint Gott seinen Segen zurückzuhalten. Auf jeder Stufe der Schöpfung hatte Gott gesprochen: «*Es ist gut!*» Segnen, das ist dies: «benedicere», das heißt, wörtlich genommen, «Gutes sagen», bestätigen, ratifizieren. Bei Adam aber scheint Gott seinen Segen zurückzuhalten. Er sagt: «*Es ist nicht gut, daß der Mensch allein bleibt.*» Etwas in Adam bleibt wesenhaft unfähig zum Wachstum, zum Leben, weil er allein ist, und das führt ihn in die Nähe des Todes.

Gott beschließt daher: «*Ich will ihm eine Hilfe machen, die ihm entspricht.*»

Gott scheint zu zögern, und dies hat seinen Grund. *Er formte aus dem Ackerboden alle Tiere des Feldes und alle Vögel des Himmels und führte sie dem Menschen zu.* Wiederum nimmt Gott Erde und erschafft. Sodann läßt er vor dem Menschen diese ganze paradiesische Tierwelt vorüberziehen, wobei er ihn mit einer Gnade beschenkt, die ihm in noch stärkerem Maße Anteil an seiner eigenen Schöpferkraft verleiht. *Gott führte sie dem Menschen zu, um zu sehen, wie er sie benennen würde. Und wie der Mensch jedes lebende Wesen benannte, so sollte es heißen.*

Die dritte, dem Menschen verliehene Gnade ist ohne Zweifel die bedeutendste. Der Mensch empfängt von Gott die Macht, «Namen zu geben». Wenn man nämlich sagt: «Du bist eine Katze, du bist ein Löwe, und du bist ein Vogel», dann ist das eine echte Unterscheidung der jedem Wesen eigenen Identität, man gibt ihm in gewisser Weise die Erlaubnis, seiner Art entsprechend zu leben, und zwar im Namen des Herrn, der «jeden von uns mit seinem eigenen Namen benennt». Auch der Gute Hirte kennt jedes seiner Schafe mit seinem Namen.

Diese Gnade ist eine wirklich «väterliche» Gnade, eine Gnade der Vaterschaft, die ihre Wurzel zunächst im Heiligen Geiste hat. Es handelt sich um weitaus mehr als um eine Vaterschaft durch Zeugung. In der jüdischen Tradition wird die Zugehörigkeit zum Judentum durch die Mutter weitergegeben: Jude ist, wer eine jüdische Mutter hat. Die Vaterschaft ist zunächst ein spirituelles Abenteuer, das «Anerkennen» des Kindes, die Namensgebung.

Daher ist man bei der Geburt Johannes' des Täufers so erstaunt über das Eingreifen Elisabeths, das für ungeziemend erachtet wird, selbst wenn es durch die Stummheit des Zacharias gerechtfertigt erscheint. Deshalb erbittet man auf schriftlichem Wege die Stellungnahme des Vaters: «*Sein Name ist Johannes...*»

Ebenso wird Josef nach dem jüdischen Gesetz als der wirkliche Vater Jesus angesehen. «*Ihm sollst du den Namen Jesus geben*», sagt der Engel zu ihm (Mt 1,21) und gibt ihm damit zu erkennen, daß er in gewisser Weise von Gott «habilitiert» ist, die «väterliche Autorität» auszuüben.

Wir befinden uns hier vor einer sehr bedeutenden Tatsache, wie wir sie aus dem täglichen Leben kennen: Ihr Menschen, ihr habt die Macht, eure Kinder existieren zu lassen, wenn ihr sie *benennt*, das heißt, wenn ihr dazu bereit seid, sie anzuerkennen, sie so zu betrachten, wie sie sind in ihrer ganzen Einmaligkeit. Ihr habt sie am Tage ihrer Geburt auf dem Standesamt angemeldet, ihr habt ihnen einen amtlich gültigen Namen gegeben, ihr habt sie damit «anerkannt», wie man sagt. Aber das genügt nicht...

Als ich Lehrerin war, habe ich oft zu den Jungen der Abschlußklasse gesagt: «Ich möchte gerne mit deinem Vater sprechen!» Sehr oft habe ich dann als Antwort gehört: «Mein Vater? Er ist viel zu beschäftigt, um sich um mich zu kümmern...» «Mein Vater? Er beachtet mich überhaupt nicht, bloß um mich zu kritisieren oder um mit mir zu schimpfen, wenn ich schlechte Noten nach Hause bringe...»

Schlimm ist das! Für diese Jugendlichen ist es unbedingt nötig, von ihrem Vater beachtet zu werden, in seinen Augen in der ihnen eigenen Identität zu existieren, bei ihrem Namen anerkannt zu werden, und nicht nur je nach ihrem Erfolg oder Mißerfolg. Sie haben ein unerläßliches Bedürfnis, sich von ihrem Vater ins Leben gerufen zu fühlen. Von ihrer Mutter erwarten sie etwas anders. Allzu oft hat man die Rolle des Vaters darauf beschränkt, zu strafen und zu korrigieren, aber sie besteht zunächst und vor allem darin, anzuerkennen, zu ermutigen und zu bestätigen.

Ich bin manchmal auch jungen Frauen begegnet, die in ihrer Ehe mit dem Problem der Frigidität zu kämpfen hatten, weil ihr Vater sie niemals in ihrer Weiblichkeit anerkannt hatte, weil er niemals zu ihnen gesagt hatte: «Du hast heute ein sehr hübsches Kleid an, diese Frisur steht dir gut...» Man ist allzuschnell der Ansicht, durch Komplimente würden unsere Kinder eitel werden... Das wahre Problem liegt anderswo.

Wir sind manchmal der Ansicht, die Erziehung der Kinder bestehe im wesentlichen darin, ihre Fehler zu korrigieren oder sie zu verhindern zu suchen... Erziehung aber bleibt nicht auf der Ebene der bloßen Moral stehen, sie geht wesentlich mehr in die Tiefe. Es gibt viele wunderbare Väter, die sich fast umbringen in der Arbeit für ihre Kinder: das nützt nichts, wenn ihr sie niemals als «einmalige, einzige» Kinder betrachtet. Sie haben es nötig, daß ihr sie in dieser Weise zur Welt bringt.

Gott hat seine Schöpfung betrachtet, er hört nicht auf, uns zu betrachten, und sein unaufhörlich auf uns ruhender Blick erhält uns am Leben. Er kennt uns bei unserem Namen, und in gewisser Weise ist es seine Freude, uns zu betrachten. *Er hat uns erschaffen aus Liebe, damit wir heilig und untadelig leben vor Gott* (Eph 1,4). Wir sind die Freude Gottes. Unsere Kinder haben das Bedürfnis, es zu fühlen und zu wissen, daß sie unsere Freude sind. Dann vermögen sie etwas von der Vaterschaft Gottes wahrzunehmen, und sie werden Lebensmut haben.

Es handelt sich dabei nicht unbedingt darum, diese Liebe in großartigen äußeren Gesten zu demonstrieren, es geht um einen Blick und eine Gegenwart. Die Kinder brauchen sowohl einen Vater wie auch eine Mutter. Die Rollen sind nicht auswechselbar. Ich weiß es wohl, daß in den heutigen sozial-kulturellen Umweltbedingungen viele Eltern ihre Kinder allein erziehen und gleichzeitig Vater und Mutter sein müssen. In der Kraft der Liebe und mit Hilfe der göttlichen Gnade werden sie das Wesentliche bewerkstelligen können. Aber wie viele Leiden gibt es, die Gott nicht gewollt hat!

Die Erschaffung der Frau

Ein tiefer Schlaf fiel auf den Menschen, so daß er einschlief (Gen 2,21)

Ungeachtet des Reichtums und der Vielfalt der ihm dargebotenen Schöpfung, die er vor seinen Augen vorüberziehen sieht, bleibt der Mensch im tiefsten allein, denn er findet keine *Hilfe, die ihm entspricht.*

Adam hat jedoch alles, nur ein einziger Baum im Garten ist ihm versagt. Gott hat ihm die geschaffene Welt als Wohnstätte gegeben, er hat ihm Anteil verliehen an seiner Schöpferkraft und seiner eigenen Vaterschaft. *Du hast ihn nur wenig geringer gemacht als Gott* (Ps 8,6). Ungeachtet dessen kann er nicht leben, er fällt in einen geheimnisvollen tiefen Schlaf, eine Art Erstarrung, die ihn in die Nähe des Todes führt.

Er vermag nicht zu leben, da er, der nach dem Bilde Gottes geschaffen wurde, für die geschenkte und empfangene Liebe bestimmt ist, für ein Zwiegespräch der Liebe, und er hat niemanden, mit dem er sprechen, niemanden, den er lieben könnte. Es scheint, daß selbst Gott für ihn kein Gesprächspartner sein kann, und dies ist sehr geheimnisvoll. Die biblische Erzählung berichtet uns von keinem einzigen Wort, das Adam gesprochen hätte. Das erste Wort Adams wird ein freudiger Ruf der Liebe sein für seine Frau. Die Gegenwart der Frau vermag die Zunge Adams zu lösen.

Gott greift in den Tiefschlaf Adams ein: *Er nahm eine seiner Rippen und verschloß ihre Stelle mit Fleisch* (Gen 2,22). Diese fast chirurgische Operation ist das Zeichen dafür, daß jede Liebe aus einer Verwundung der Seite, des Herzens entsteht. Man muß damit einverstanden sein, von dieser glückseligen Wunde verwundet worden zu sein, um in Wahrheit leben zu können. In Adam erahnen wir bereits das Bild Dessen, der am Kreuz aus seiner geöffneten Seite, der Blut und Wasser entströmten, die Kirche, seine vielgeliebte Gemahlin, ins Leben rief. Adam stellt hier gleichsam Christus dar im Schlafe des Todes und in der Wunde des Herzens.

Aus dieser Seite — dieser Rippe — formte Gott, der Herr, die Frau. Sie wurde nicht aus der Erde gebildet, Sie ist nicht von einer andersartigen «Natur». Gott *führte sie dem Menschen zu.* Die Übersetzung Wort für Wort ist noch wesentlich kraftvoller: *Er stellte sie vor ihn hin.*

Welch ein Reichtum in der Einfachheit dieser wenigen Worte!

Die Gabe Gottes (s. Joh 4,10)

Zunächst wird uns gesagt, daß die Frau von Gott kommt und daß sie eine Gabe Gottes ist. Es ist nicht der Mann, der sich selbst die Frau gegeben hat, denn sein Versuch, sich in der Welt des Geschaffenen «eine ihm entsprechende Hilfe» zu geben, war fehlgeschlagen. Es ist auch nicht die Frau, die sich selbst dem Mann gegeben hat. Gott ist es, der sie einander geschenkt hat. So ist es auch, als später der Engel zu Josef sprach: *«Nimm Maria als deine Frau zu dir»* (Mt 1,20).

Es ist von großer Wichtigkeit, daß jedes Ehepaar sich dies ins Bewußtsein führt. So leicht versuchen wir, einander einfach zu «nehmen»! So oft — sei es bewußt oder unbewußt — versuchen wir, den anderen zu «besitzen»! Bei der Feier des Ehesakramentes aber sagen wir: «Ich empfange dich als

Gemahl, ich empfange dich als Gemahlin...» Alle Tage haben wir einander als eine kostbare Gabe aus den Händen Gottes zu empfangen. Viele unserer Ehepaare könnten geheilt werden, wenn sie sich dies ins Bewußtsein führten.

Vielleicht sollten wir uns auch hier durch den Heiligen Geist auf dem Grunde unseres Herzens befragen lassen. *Wenn du wüßtest, worin die Gabe Gottes besteht,* die für dich deine Gattin, dein Gatte ist! Jenseits unserer Verwundungen, jenseits allen Grolls, allen Nachtragens, *wenn du wüßtest, worin* für dich, heute, *die Gabe Gottes besteht...* Dies ist es zunächst, was das Sakrament der Ehe ausmacht: Den anderen als eine Gabe Gottes zu empfangen, der zwei seiner Kinder, seiner einmaligen, einzigen Kinder einander anvertraut, die sein göttliches Herz füreinander erwählt hat.

Die entsprechende Hilfe (Gen 2,18)

Die übliche Übersetzung *(Er führte sie dem Manne zu)* geht nicht genug in die Tiefe. Näher am Text sind wir mit der Ausdrucksweise, daß die Frau vor Adam *hingestellt* wurde, und *«hingestellt»,* das heißt: «aufrecht stehen». Sie ist weder eine Sklavin noch eine Dienerin, ebenso wenig wie eine «Ergänzung» im Dienste der Selbstentfaltung des Mannes, sondern eine freie und gleichwertige Partnerin, die ihm «ähnlich» ist.

Hier ist endlich die unverzichtbare *Hilfe,* um zu leben zu können. Hilfe ist ein sehr starkes Wort im Hebräischen, es wird in den Psalmen gebraucht *(Ich hebe meine Augen auf zu den Bergen, von wo mir Hilfe kommt;* Ps 121,1). Das Wort bedeutet: «die Hand Gottes, um dem Menschen zu Hilfe zu kommen» und um ihm das Leben zu ermöglichen, wobei er ständig daran erinnert wird, daß weder Besitz noch Macht ihm jemals ermöglichen, zu leben und sich zu entfalten und daß nur die Liebe ihn vollenden kann.

Damit führt die Frau Adam in das Mysterium Gottes ein. Sie ist die Hüterin des Einen Notwendigen, der Sehnsucht nach Gott, die jedes Menschenwesen bewohnt, in der Herzmitte der Welt und des Lebens.

Diese Sendung der Frau wird in den ganz alltäglichen Dingen gelebt. In den Exerzitien für Ehepaare höre ich fast alle Ehemänner sagen: «Es ist meine Frau, die mich veranlaßt hat, mitzukommen.» Ihr Ehemänner pflegt auch zu sagen: «Meine Frau ist niemals zufrieden... Ich habe meinen ganzen Samstag damit verbracht, alle möglichen Reparaturen im Hause durchzuführen, und sie zieht ein langes Gesicht...» Sie antwortet darauf: «Aber ich bin doch zufrieden... Nur, ich hatte gedacht, wir würden uns alle beide etwas Zeit nehmen, um miteinander spazieren zu gehen, uns zu unterhalten und zusammen zu beten. Man hat niemals die Zeit zum Leben, immer ist irgend etwas zu tun...!»

Meine Schwester, meine Braut (Hld 5,1)

Als Adam, der bis dahin stumm gewesen war, diese Frau sieht, jauchzt er vor Freude: *«Das endlich ist Bein von meinem Bein und Fleisch von meinem Fleisch. Frau soll sie heißen; denn vom Mann ist sie genommen!»* (Gen 2,23).

Er betrachtet sie, und er erkennt sie, sie ist gleichzeitig einzigartig und ihm ähnlich, seine Schwester, ein Mensch wie er. In einer Art von vitalem Elan, von Hingabe seiner selbst, von Liebe, um damit alles zu sagen, fühlt er sich zu ihr hingezogen, aber es ist noch nicht das sexuelle Verlangen. Sie werden sich erst sehr viel später miteinander vereinigen (Gen 4): Für den Augenblick ist es die Schwester, die Braut des Hohenliedes. Die Entdeckung des anderen in seiner Einmaligkeit und gleichzeitig in seiner Geschwisterlichkeit ist die unerläßliche Vorbedingung, *um miteinander ein Fleisch zu werden,* wozu sie in der ehelichen Vereinigung berufen sind.

Dieser jauchzende Ruf des Erkennens, der Bewunderung, der Freude ist wesentlich für jede Liebe. In den Zeiten der Wüste, und es wird sie immer geben, muß man sich an diesen anfänglichen Freudenruf erinnern, diesen ursprünglichen Ausruf der Bewunderung und des Erkennens des anderen, der lebend aus den Händen Gottes hervorgegangen ist.

«Das endlich ist Bein von meinem Bein und Fleisch von meinem Fleisch!» «Bein von eurem Bein und Fleisch von eurem Fleisch», das ist, biologisch gesehen, nicht eure Frau, das ist eure Schwester. Ihr seid vom gleichen Fleisch, ihr seid aus dem gleichen Vater und der gleichen Mutter entstanden. Wir befinden uns hier vor einer Realität, die in der biblischen Offenbarung von großer Bedeutung ist, denn sowohl im Alten wie auch im Neuen Bund ist die grundlegende Beziehung von Mann und Frau zunächst geschwisterlicher Art, zwar differenziert, aber immer die Grundlage der Gleichwertigkeit und der Ehrfurcht voreinander enthaltend.

Gott hat sie ja einander *gegenübergestellt, Antlitz zu Antlitz,* Blick zu Blick, wage ich zu sagen. Durch die Lage ihrer Geschlechtsorgane ist die Frau befähigt, sich mit dem Manne von Angesicht zu Angesicht zu vereinigen, anders als in der gesamten Tierwelt, wo das männliche Tier das weibliche beherrscht. Gott hat die Frau vor das Angesicht des Mannes geführt, damit beide zunächst ihr Antlitz betrachten, nämlich das, was beim anderen geschwisterlich und gleichzeitig einmalig ist, in der Berufung eines jeden, das Antlitz Gottes widerzuspiegeln. Die geschlechtliche Beziehung des Menschen hat, um wahrhaft menschlich zu sein, ihre Wurzel hier. Sie wird eine Ausdrucksform, eine privilegierte Ausdrucksform, gewiß, aber eine unter den anderen Beziehungen zwischen dem Mann und der Frau, und diese sind wesentlich reicher und vielgestaltiger als die bloße Ausdrucksform der Geschlechtlichkeit.

Um ein einziges Fleisch zu werden (Gen 2,24)

Darum verläßt der Mann Vater und Mutter und bindet sich an seine Frau, und sie werden EIN Fleisch. In den soziel-kulturellen Verhältnissen jener Zeit gesehen, ist dieses Wort wahrhaft erstaunlich! Tausend Jahre vor Christus war es üblich, daß die Frau in das Haus ihres Mannes geführt und dort oft wie ein ihm gehörendes Objekt behandelt wurde. Die Polygamie wurde allgemein praktiziert. Die Forderung der Bindung des Mannes an seine Frau ist der üblichen Praxis jener Zeit vollständig entgegengesetzt, und das gilt sogar für Israel. Ich glaube, wir haben noch längst nicht alles ausgeschöpft, was in diesen Worten enthalten ist.

Nehmen wir dieses Wort auf in seiner ganzen ursprünglichen Kraft? Es handelt sich nicht darum, die familiären Bindungen des Gatten und der Gattin abzubrechen, sondern darum, nicht mehr von ihnen abzuhängen. Gewiß, ein neuer Hausstand ist Erbe einer ganzen Familientradition, und das ist gut so, aber man darf sich nicht zu einem bloßen Glied in einer Kette reduzieren lassen, denn ein neuer Hausstand — und dies ist von noch größerer Wichtigkeit — ist ein völliger Neubeginn, eine wirkliche Neuschöpfung. Jedes Ehepaar hat seine eigene Geschichte mit Gott zu verwirklichen, ohne danach zu streben, irgendwelche Modelle zu reproduzieren; es bestände sonst die Gefahr, die Handlungsfreiheit zu verlieren. In gewisser Hinsicht erfindet jedes Ehepaar die Liebe und das Leben neu.

Sie waren nackt (Gen 2,25)

Beide waren nackt, aber sie schämten sich nicht voreinander. Die Frucht der wahren Liebe ist diese Transparenz der Körper, Frucht der Transparenz der Herzen, wo jeder die Schönheit des anderen bewundert, ohne von ihm oder von ihr

Besitz ergreifen zu wollen; sich mit dem anderen zu vermählen wünscht, statt ihn zu beherrschen, zu unterdrücken, zu besiegen zu suchen, so wie es in der Tierwelt bei den sexuellen Beziehungen der Fall ist.

Den anderen *nackt* empfangen, das bedeutet auch, daß ich ihn so lieben will, wie er ist, so wie Gott ihn mir gibt. Lassen wir uns befragen von diesem Wort. Liebe ich meinen Gatten, meine Gattin, so wie er (sie) in Wahrheit ist? Ich habe zum Beispiel davon geträumt, einen hervorragenden, ganz überdurchschnittlichen Mann zum Gatten zu bekommen, und er erweist sich als mittelmäßig und unscheinbar. Ich mache ihm dann zum Vorwurf, daß er zu schüchtern ist und nicht dem Traum entspricht, den ich mir von einem idealen Gatten gemacht hatte. Aber habe ich einen Traum geheiratet oder einen Menschen von Fleisch und Blut? Werde ich nun mein ganzes Eheleben lang den Versuch unternehmen, meinen Ehegefährten in das Modell zu pressen, von dem ich geträumt hatte? Werde ich ihn *nackt* annehmen, so wie Gott ihn mir heute gibt? Werde ich ihn oder sie selbstlos, uneigennützig lieben, weil er «er» ist, weil sie «sie» ist, mit all den jeweils eigenen Qualitäten und Fehlern?

Wenn mir das nicht gelingt, dann möge der Herr mit der Kraft und Sanftmut des Heiligen Geistes heute zu mir kommen und mich heimsuchen in den Tiefen meines Ichs, wo ich in meiner Einbildungskraft und in meinen Träumen vom anderen Besitz ergreife, den anderen einschließe. Wenn man dem anderen zum Vorwurf macht, der zu sein, der er ist, dann zerstört man ihn von der Wurzel her, und außerdem ist es völlig wirkungslos…

Und werde ich selbst bereit sein, mich vor dem anderen nackt, arm, einfach und klar zu zeigen, werde ich bereit sein, der zu sein, der ich bin, und nichts anderes zu sein als der, der ich bin, um so, wie ich bin, geliebt zu werden? In der ersten

Zeit der Ehe ist die Versuchung manchmal groß, sich eine Persönlichkeit zurechtzuzimmern und sich zu ihrem Gefangenen zu machen, in der Hoffnung, dadurch mehr geliebt zu werden...

Herr, wir preisen dich, daß du uns von jeher gekannt und ins Leben gerufen hast. Wir preisen dich, daß du uns nach deinem Bilde geschaffen hast, daß wir fähig sind, zu lieben und geliebt zu werden. Wir preisen dich, daß du uns auf unseren Wegen mit Zärtlichkeit und Barmherzigkeit führst. Möge dein Wort in unseren Herzen seine Wohnstätte nehmen. Möge dein Heiliger Geist uns die Länge und Breite, die Höhe und Tiefe deines Planes der Liebe über jeden von uns, über unsere Ehe und die ganze Menschheit enthüllen.

Herr, wir bitten dich, komm und heile die Liebe des Mannes und der Freu von allem, was sie daran hindert, wirklich «menschlich» zu sein. Komm, Herr, Meister und Freund des Lebens, Du, der Du uns frei und glücklich willst, komm in der Kraft deines Geistes, Herr, öffne deinen verlorenen Kindern neu die Pforten des Paradieses!

3. «Wo die Sünde mächtig wurde, da ist die Gnade übergroß geworden» (Röm 5,20)

Wer läßt uns Gutes erleben? (Ps 4,7)

Wenn wir das Mysterium des Ehepaares und der menschlichen Liebe betrachten, kommen wir mit unserem Glauben nicht mehr zurecht: Will Gott das Glück und die Persönlichkeitsentfaltung des Menschen, oder will er es nicht?

Um das Wort «Persönlichkeitsentfaltung» kristallisiert sich die Kritik und der Vorwurf, der so oft der sogenannten jüdisch-christlichen Zivilisation gemacht wird. Sie wird angeklagt, das Leid zu verherrlichen, und sie wird beschuldigt, dafür verantwortlich zu sein, wenn der Mensch gleichsam erstickt, weil sie ihn in ein Netz von Vorschriften einschließt, die widernatürlich sind und die in ihm Schuldgefühle erzeugen. Parallel hierzu entwickeln sich Philosophien oder Pseudo-Philosophien, die die Persönlichkeitsentfaltung als den obersten Wert ansehen, eine Entfaltung, die gerade dadurch zustande kommt, daß jede «Verdrängung» abgelehnt wird. Jedes Gesetz, besonders im Bereich der Sexualität, jede Selbstbeherrschung im Hinblick auf das Wachstum wird als Frustration angesehen; jede Autorität, besonders die väterliche, wird inbezug auf die Persönlichkeitsentfaltung als störend und hinderlich betrachtet, und jede Liebe, vor allem die mütterliche, als gefährlich. Ich will hier noch nicht einmal die Leserbriefe mit ihren «Herzensergüssen» karikieren, die in gewissen Frauenzeitschriften so häufig zu finden sind. Leider werden im Namen derartiger Lehrmeinungen sexuell Freizügige und spirituell Verklemmte erzeugt...

Auf diesem Gebiete sind wir, die Gläubigen, unbedingt zur Stellungnahme herausgefordert. Die Vorstellung von einem Gott, der auf das Glück des Menschen eifersüchtig sei, ist im kollektiven religiösen Unterbewußtsein zutiefst verankert. Die Griechen haben diese Eifersucht der Götter sogar in der Gestalt der unerbittlichen Nemesis personifiziert. In späteren Epochen fand diese falsche Vorstellung vom Mysterium Christi ihre Fortsetzung: Hat Gott uns nicht in diese Welt gesetzt, um zu leiden, um in der Nachfolge seines Sohnes «unser Kreuz zu tragen», wie es heißt, und auf diese Weise «in den Himmel zu kommen»? So wird das Kreuz auf das ergebene Leiden Christi reduziert, um eine unerbittliche Schuld zu bezahlen, statt der Ausdruck der erbarmungsvollen Liebe zu sein, die Gott selbst in Jesus uns bekundet hat.

Und wo ist hier unser eigener Standort? Glauben wir wirklich, daß Gott unser Glück, unsere Freiheit und die Entfaltung unserer Persönlichkeit will? Oder betrachten wir ihn, mehr oder weniger unbewußt, als einen eifersüchtigen Gott, der irgendwo auf uns lauert? Und außerdem, sagen wir uns manchmal, gibt es so viele Leute, die leiden «und die es nicht verdient haben...» Bin ich nicht in gewisser Weise «schuldig» vor mir selbst, wenn ich glücklich bin...? «Wenn uns bloß nichts in die Quere kommt...!» Oder denken wir einfach nicht daran, denn ich kann ja schließlich nichts dafür, wenn andere unglücklich sind. Profitieren wir vom Wohlergehen, so lange es dauert... Ist es in der Welt, in der wir leben, überhaupt «normal», zu wünschen, glücklich zu sein?

Jesus selbst hat diese durch die kulturellen Verhältnisse bedingten Klischees abgelehnt; er hat es gewagt, den Menschen die Seligkeiten vor Augen zu führen als einen Weg und eine Verheißung des Glücks. Aber die Irrtümer haben ein zähes Leben... Sobald wir das Problem der Sexualität berühren, das des menschlichen Glücks und der Entfaltung seiner Persönlichkeit, dann müssen wir eine radikale Revision des Gottesbildes vornehmen, so wie wir es in uns tragen, denn da, wo wir «Sünde und Strafe» miteinander in Beziehung bringen, assoziiert Gott seinerseits «Sünde und Barmherzigkeit».

Die Sache mit dem Apfel

Wie es bei den schönen Märchen der Fall ist, so hätte auch die Geschichte von Adam und Eva das klassische Ende haben können: «Sie heirateten und hatten viele Kinder...» Aber so war es hier nicht, und die Genesis ist keine Märchenerzählung, sondern das Gleichnis von der leidvollen Geschichte einer versäumten Begegnung des Menschen mit dem Glück, des Menschen mit Gott.

Da ist also ein Brautpaar (sie haben einander noch nicht *erkannt*), Adam und Eva (die ihren Namen noch nicht erhalten hatte). Alle Tage lernen sie es, einander zu entdecken, sich ganz einfach zu lieben. Sie befinden sich dort gemeinsam im Garten Eden, dem Orte der Schönheit, der Freude, dem Ort, wo alles Harmonie ist, Ruhe, Licht und Leben.

Wenn die Welt jetzt kein Garten Eden mehr ist, so ist das nicht die Schuld Gottes, der dem Menschen am Anfang dort seine Wohnstätte gegeben hatte. Der Mensch hat den Garten Eden verlassen, aber er trägt immer noch in seinem Inneren so etwas wie eine geheime Sehnsucht, und alle Dichter aller Zeiten und aller Kulturen haben diese Sehnsucht besungen.

Dies ist ohne Zweifel der Grund, warum die Interpretation des dritten Kapitels der Genesis die unglaublichsten Phantasien hervorgebracht hat! Nebenbei bemerkt, möchte ich darauf hinweisen, daß die Sünde des Anfangs nicht, wie man es manchmal sogar in gut katholischen Kreisen hört, etwa darin bestanden hat, daß Adam und Eva sich fleischlich vereinigt haben, und somit «den Apfel aßen», wie man so sagt. Nichts in der Bibel weist auf eine solche Vermutung hin, im Gegenteil: von der Vereinigung Adams und Evas ist erst am Anfang des vierten Kapitels der Genesis die Rede, nachdem der Garten Eden hinter ihnen verschlossen worden war. Manche Traditionen haben halt ein zähes Leben...

Diese Interpretation, die lediglich auf der Phantasie beruht, hat sich tief in das kollektive Gedächtnis und manchmal sogar in die Praxis der Christen eingegraben. Dies gilt besonders für die Art und Weise, wie die Sexualität betrachtet wird, «die in der Ehe erlaubte Sünde», und wie man die Frau ansieht: als die «Verführerin und allein Verantwortliche für das Übel in der Welt».

Das Schweigen Adams

Begeben wir uns also daran, das, was das Wort Gottes uns sagt, genauer zu betrachten.

Es ist von beiden die Rede (Gen 3,6): *Sie nahm von seinen Früchten und aß; sie gab auch ihrem Mann, der bei ihr war.* Sie sündigen gemeinsam, jeder nach seinem Charisma, könnte man sagen. Adam schweigt im Augenblick, da er eingreifen müßte, er, der Hüter des Gesetzes, er, *der herrschen sollte... über alle Kriechtiere auf dem Land* (Gen 1,26). Ihr, meine Brüder, wißt um diese typisch männliche Versuchung: man schweigt, um seine Ruhe zu haben...! Adam schweigt, er hat keine Lust, seine Autorität auszuüben, er läßt die Dinge laufen... Später wird Gott durch die Stimme der Propheten die Anführer Israels tadeln, er nennt sie *stumme Hunde, die nicht bellen können... So sind die Hirten, sie verstehen nicht aufzumerken* (Jes 56, 10-12).

Schlauer als alle Tiere (Gen 3,1)

Die Frau wird ihrem fraulichen Charisma entsprechend versucht. Über den Mechanismus der Versuchung könnte man lange meditieren, denn er ist immer der gleiche. Gott hatte gewarnt: «*Von diesem Baum darfst du nicht essen..., sonst wirst du sterben*» (Gen 2,17). Es ist so wie bei einem Kinde, zu dem man sagt: «Geh' nicht zu nahe ans Feuer, sonst verbrennst du dich...» Damit wird dem Kinde gegenüber keine Drohung ausgesprochen, man warnt es nur vor der dem Feuer innewohnenden Gesetzmäßigkeit, die darin besteht, Verbrennungen hervorzurufen. Daher ist der Tod keine Strafe Gottes, sondern die «Frucht der Sünde» (Röm 6,23).

Um Eva zum Dialog zu zwingen, spricht die Schlange in der Form einer Frage eine Unwahrheit aus: «*Hat Gott wirklich gesagt: "Ihr dürft von keinem Baum des Gartens essen?"*» (Gen 3,1). Eva stellt die Wahrheit wieder her: «*Von den Früchten der Bäume im Garten dürfen wir essen; nur von den Früchten des Baumes, der in der Mitte des Gartens steht, hat Gott gesagt: "Davon dürft ihr nicht essen..., sonst werdet ihr sterben"*» (Gen 3, 1-5).

Man darf niemals anfangen, mit dem Versucher zu diskutieren, denn er versteht es meisterhaft, seine Ziele durchzusetzen! Was antwortet er also? «*Nein, ihr werdet nicht sterben. Gott weiß vielmehr: Sobald ihr davon eßt, gehen euch die Augen auf; ihr werdet wie Gott und erkennt Gut und Böse*» (Gen 3, 1-5).

Mit anderen Worten, die Schlange spiegelt der Frau gerade das vor, was die Frucht der göttlichen Verheißung ist, nämlich die «Vergöttlichung» des Menschen. Daher kann der Vorschlag des Versuchers kein anderes als ein positives Echo im Herzen Evas finden, denn es geht darum, der ihr eigenen

Sendung zu entsprechen. So zu werden wie Gott, das ist kein verwerflicher Stolz, denn gerade dafür sind wir ja geschaffen worden. Eva weiß, daß dieser Auftrag, zum Bilde Gottes zu werden, von Ähnlichkeit zu Ähnlichkeit fortzuschreiten, die wesentliche Berufung des Menschen ist und dem Willen Gottes entspricht, und daß die Frau ihren Platz in der Nähe des Mannes hat, um ihn daran zu erinnern.

Der Weg der Erkenntnis

Gleichzeitig flößt die Schlange Mißtrauen gegen den Schöpfer ein; er wird so dargestellt, als ob er eifersüchtig auf den Menschen sei und ihn im Zustand der Unmündigkeit bewahren wolle, indem er ihm die Möglichkeit der Erkenntnis verwehre, die aus dem Menschen einen «Gott» gleich ihm machen würde.

Das stimmt aber nicht. Gott wollte uns alles geben: *Die Bäume des Lebens* sprossen am Ende der Apokalypse auf, und ihre Blätter dienen *zur Heilung der Völker* (Offb 22,2), ein Bild des Kreuzes Christi.

Auch die Erkenntnis ist uns verheißen. Schon die Propheten kündigen sie an, wie z.B. Jeremia: *«Ich werde ihr Gott sein, und sie werden mein Volk sein. Keiner wird mehr den anderen belehren, man wird nicht mehr zueinander sagen: "Erkennt den Herrn!", sondern sie alle, klein und groß, werden mich erkennen...»* (Jer 31, 33-34). Als Jesaja die Ankunft des gerechten Königs, des Messias, des Retters, verkündet, spricht er die Verheißung aus: *Man tut nichts Böses mehr und begeht kein Verbrechen auf meinem ganzen heiligen Berg; denn das Land ist erfüllt von der Erkenntnis des Herrn, so wie das Meer mit Wasser gefüllt ist* (Jes 11,9).

Jesus bezeugt es vor seinen Aposteln: *«...Ich habe euch alles mitgeteilt, was ich von meinem Vater gehört habe...»* (Joh 15,15), und er verheißt ihnen den Heiligen Geist, der ihnen alles offenbaren wird, was sie noch nicht fassen können. Gott hat sich nichts reserviert, er, der zu seinem Sohne sagt: *«Alles, was mein ist, ist auch dein»* (Lk 15,31).

Der heilige Paulus spricht zu uns immer wieder von der Erfüllung der Verheißungen durch die Gabe des Heiligen Geistes. *Keiner erkennt Gott, nur der Geist Gottes. Wir aber haben nicht den Geist der Welt empfangen, sondern den Geist, der aus Gott stammt, damit wir das erkennen, was uns von Gott geschenkt worden ist* (1 Kor 2, 11-12). Wir sind dazu geschaffen, *in die ganze Fülle Gottes einzutreten* (s. Eph 3, 18-19).

Gott wollte stufenweise vorgehen, «von Ähnlichkeit zu Ähnlichkeit». Er wollte der Menschheit an Erkenntnissen nach und nach das geben, was sie verstehen konnte, je nach ihrem Wachstum im Heiligen Geist, das heißt, in der Liebe.

Evas Sünde war dreifacher Art: Sie wollte sich das verheißene «Erbe» selbst aneignen, statt es von der Liebe des Vaters zu empfangen. Sie wollte sich «alles, und alles sofort» nehmen, was Gott dann gegeben hätte, wenn die Zeit dafür reif gewesen wäre. Die Frucht aber war noch grün... Sie wollte schließlich auf dem Wege der Erkenntnis zur verheißenen «Vergöttlichung» gelangen; der Weg der Erkenntnis ohne die Liebe aber ist ein Weg des Todes.

Wir haben heute Kenntnis von den Geheimnissen der Materie, und wir haben daraus die Atombombe gemacht. Wenn das Geheimnis der Materie einer in der Liebe gereiften Menschheit zur gegebenen Zeit anvertraut worden wäre, dann hätte diese Erkenntnis nur Früchte des Lebens getragen. Wir wissen aber mit unseren Kenntnissen nicht in der rechten Weise umzugehen, denn wir verstehen es nicht zu lieben. Wir bilden uns ein, das Gute und das Böse zu kennen, das Glück und das Unglück, aber wir bringen alles durcheinander.

Dies ist die Versuchung der Menschheit von Anfang an. Wir machen diese Erfahrung auf allen Gebieten, und zwar gemeinsam, aber auch jeder für sich, ob es sich nun um den rechten Umgang mit der Natur handelt oder um die Politik, um unser eheliches Leben, um die Sexualität oder um die hochentwickeltsten wissenschaftlichen Forschungen. Selbst das geistliche Leben entgeht nicht dieser Tendenz: immer und überall begegnen wir der Versuchung, «Methoden» zu suchen, Abkürzungen, um Gott zu zwingen, sich *unserer* Wege zu bedienen, und seien es auch die der Heiligung, und die Hand auf ihn zu legen. Zu allen Zeiten hat es in der Gnosis und in der Magie Karikaturen des geistlichen Lebens gegeben.

Es werden euch die Augen aufgehen (Gen 3,5)

Die erste Konsequenz dieser ersten Sünde ist die kalte Erkenntnis, eine Karikatur des Offenbar-Werdens der Wahrheit. *Da gingen beiden die Augen auf, und sie erkannten, daß sie nackt waren* (Gen 3,7). Die kalte, gefühllose Erkenntnis stammt von den Dämonen, sie bringt das Leben zum Stillstand; so wie auch die Bilder auf einer Photographie unbeweglich sind: «Meinen Ehegefährten, den kenne ich durch und durch, ich mache mir keine Illusionen mehr, ich bin hellsichtig geworden... Ich sehe ihn jetzt, so wie er ist, meine Augen haben sich geöffnet!» ... Vielleicht bin ich aber gerade jetzt dabei, blind zu werden!

Gott ist nicht von gefühlloser Klarsichtigkeit. Er betrachtet uns nicht anders als in der Liebe, in der tief im Inneren wohnenden Wahrheit dessen, was wir nach seinem Bilde sind, das heißt, mit den Augen der Barmherzigkeit. Als Jesus von den Soldaten des Pilatus geschlagen wurde und die Soldaten ihm die Augen verbunden hatten, da riefen sie: *«Sage uns, wer dich geschlagen hat!»* Wenn Jesus von den Menschen geschlagen wird, hat er die Augen verbunden, um nicht zu sehen, wer ihn schlägt. *«Deine Augen sind zu rein, um Böses mit anzusehen»*

(Hab 1,13). Welche Tiefe wird uns hier über das Geheimnis Gottes ausgesagt! Der leidende Gottesknecht hat es auf sich genommen, bis zur Unkenntlichkeit mißhandelt zu werden, damit jeder Mensch, mag er auch noch so verunstaltet sein, dennoch ein Abbild Seines Antlitzes sein kann. Seine Augen sehen mehr als nur den äußeren Schein, sie dringen in die Tiefe und sehen in jedem Wesen das Abbild Seiner selbst. Weil Gott die Liebe ist, offenbart er sich die ganze Heilige Schrift hindurch von erstaunlicher, ja, erschütternder Naivität. Wenn wir zählen würden, wie oft Gott in der Heiligen Schrift «warum» gesagt hat...! *«Warum war niemand da, als ich kam, warum gab niemand Antwort, als ich rief?»* (Jes 50,2). *Jesus wunderte sich über ihren Unglauben...* (Mk 6,6).

Derjenige, der liebt, ist immer auch der, der am naivsten, am verwundbarsten ist. Er ist es aber auch, der die Wirklichkeit des Unsichtbaren sieht. Die kalte, gefühllose Klarsichtigkeit sieht weniger weit und weniger klar als die Liebe. Nur die Liebe vermag jenseits des äußeren Scheines die jedem Wesen zutiefst innewohnende Realität zu sehen, sie vermag jenseits seiner Nacktheit und Armut seine Schönheit und Unschuld zu sehen. Die kalte Klarsicht schließt den anderen in ein Urteil, und oft genug in die Verurteilung ein. Der Blick der Liebe jedoch öffnet zur Barmherzigkeit, zum Leben. Die kalte Klarsicht ist eine Falle. Jeden Tag stellen wir das fest im Umgang mit unserem Ehegefährten, unseren Kindern.

«Ich geriet in Furcht» (Gen 3,10)

Die zweite Konsequenz der Sünde ist die Angst vor Gott. Adam und Eva verstecken sich, sie entziehen sich Gottes Blick. *Als sie Gott, den Herrn, gegen den Tagwind einherschreiten hörten, versteckten sich Adam und seine Frau vor Gott, dem Herrn, unter den Bäumen des Gartens. Gott, der Herr, rief Adam zu und sprach: «Wo bist du?»* (Gen 3,9).

Von diesem Tage an sucht Gott, der Herr, seine Kinder und hört nicht auf, sie zu rufen. Wir aber verbringen unsere Zeit damit, uns zu verstecken. Alles hätte noch gut werden können, wenn Adam und Eva sich in die Arme Gottes geworfen und ihre Sünde und die der göttlichen Liebe zugefügte Verwundung bekannt hätten, aber die Angst und das Mißtrauen sind stärker. Adam antwortet: *«Ich habe dich im Garten kommen hören; da geriet ich in Furcht, weil ich nackt bin, und versteckte mich»* (Gen 3,10).

Die Schlange hatte auf sehr geschickte Weise den Menschen zum Argwohn gegenüber Gott verleitet, und sie hat gewonnen! Irgendwo in unserem Inneren haben wir etwas von dieser Angst und diesem uns lähmenden Argwohn geerbt. Sind wir fähig, aus dem Grunde unseres Herzens heraus, ohne zu zittern, die Worte auszusprechen: «Mein Vater, ich übergebe mich dir, mache mit mir, was du willst...?» «Herr, wenn ich mich von dir an der Hand nehmen lasse, was wird dann alles mit mir geschehen...? Ich habe Angst.» Aber welcher Vater — wenn er wirklich ein Vater ist — könnte wohl eifersüchtig sein, wenn sein Sohn heranwächst, reif wird und sich entfaltet? Die Angst vor Gott erzeugt dann ihrerseits die Angst vor dem Bruder; in diesem Teufelskreis, der vom Übel zum Tode führt.

Gott führt nun den Dialog weiter: *«Wer hat dir gesagt, daß du nackt bist? Hast du von dem Baum gegessen, von dem zu essen ich dir verboten habe?»* (Gen 2,11). Gott wendet sich an Adam, dem er den Garten anvertraut hatte, und streckt ihm die rettende Hand entgegen, damit er seinen Fehltritt bekennt. *«Ich habe getan, was dir mißfällt»*, spricht der König David unter Tränen (Ps 51,6). Wenn erst einmal die Wahrheit aufgedeckt worden ist, dann ist nichts mehr unmöglich. Gott aber zwingt uns zu nichts, nicht einmal zum Heil. Er läßt uns ohne jede Einschränkung unsere Freiheit, die er uns gegeben hatte, um durch die Liebe auf seine uns dargebotene Liebe zu antworten. Die Liebe läßt sich ja nicht durch Zwang erreichen. Daher hört Gott nicht auf, nach uns zu rufen: «Adam, mein Sohn, wo bist du denn...? Was könnte ich doch alles für dich tun, wenn du nur wolltest...!»

«Die Frau, die du mir beigesellt hast» (Gen 3,12)

Adam antwortet nun mit einer doppelten Anklage: *«Die Frau, die du mir beigesellt hast, sie hat mir von dem Baum gegeben, und so habe ich gegessen...»* (Gen 3,12).

«Du bist schuld, Herr! Du hast mir ja schließlich diese Frau gegeben...!» Wir beherrschen alle diese subtile Kunst, sogar die Gaben, mit denen er uns beschenkt hat, gegen ihn auszuspielen! «Ich habe zwar gesündigt, Herr, aber warum hast du mich nicht daran gehindert? Du mußtest doch wissen, was daraus entsteht... Warum hast du mich mit dieser Frau zusammengeführt?»

Mit der Angst tritt die Anklage in diese Welt ein, die gegenseitige Beschuldigung der Eheleute, die Beschuldigungen überall in den menschlichen Beziehungen. Es ist immer die Schuld des anderen, und ich glaube mich selbst von Schuld freisprechen zu können, wenn ich den anderen anklage. *«Der Ankläger»*, das ist einer der Namen Satans in der Bibel, *der Ankläger unserer Brüder* (Sach 3,1 und Offb 12,10), der Lügner, der Menschenmörder, derjenige, der den Menschen töten will. Wir befinden uns auf einem Weg zum Tode, sobald wir uns auf den Weg der Anklage begeben. Wir machen uns zum Komplizen des Menschenmörders, der den Menschen töten will, und das scheint ihm so oft zu gelingen. Die Logik der Anklage ist unerbittlich, und das Ergebnis tritt mit Sicherheit ein: der Haß, die Gewalt, der Tod des anderen.

Tagtäglich erleben wir das: Er hatte gesagt: «Leg' den Schlüssel unter die Fußmatte.» Sie hatte verstanden: «Wirf den Schlüssel in den Briefkasten.» Er kommt nach Hause, und er findet den Schlüssel nicht. Er sagt zu ihr: «Du hast das falsch verstanden, du gibst niemals acht auf das, was ich sage.» Sie sagt: «Nein, du bist es schuld, du hast dich nicht klar genug ausgedrückt! Du willst immer recht haben!» Und damit beginnt der Streit. Wenn sie gesagt hätte: «Oh, entschuldige bitte, ich habe es falsch verstanden», dann hätte er zu ihr gesagt: «Aber nein, mein Liebling, ich bin es schuld, ich habe mich nicht klar genug ausgedrückt.» Es sind manchmal die ganz kleinen Dinge, die den Frieden herstellen oder zerstören. Den Weg des Friedens zu beschreiten, das ist ganz einfach eine Haltung, die sich weigert, von vornherein den anderen anzuklagen, selbst wenn er schuldig ist, und so seinen Teil der gemeinsamen Sünde auf sich zu nehmen. Wenn Adam gesagt hätte: «Ja, es stimmt, ich habe von der Frucht gegessen», dann hätte Eva antworten können: «Herr, ich war es, die sie ihm gegeben hat...» Dann hätte alles in die Barmherzigkeit Gottes versenkt werden können.

Der Herr sprach zu der Frau: «Was hast du da getan?» Die Frau antwortete: «Die Schlange hat mich verführt!» (Gen 3,13). Auch sie will die Verantwortung nicht auf sich nehmen. Manchmal ist es der Teufel, der für alles herhalten muß. Mit der Gnade Gottes haben wir die Macht *über alle auf der Erde kriechenden Tiere* erhalten. Der Teufel vermag niemals den «Ort unseres Herzens» zu erreichen, diesen Ort, wo unsere Freiheit ihren Ursprung hat. In Wahrheit zu seinen Fehlern zu stehen, sei es in der Ehe, sei es in jeder anderen menschlichen Beziehung, sei es gegenüber Gott, das ist der einzige Weg zu jeder echten Gemeinschaft, der einzige Weg zum Frieden.

Mors et vita

Gott, der Herr, verflucht sodann den Teufel und zeigt dem Menschen gleichzeitig bereits einen Hoffnungsschimmer. Dann weist er tief betrübt auf das angerichtete Unheil hin und zeigt die unausweichlichen Folgen der Übertretung auf. Was kann er anders tun? Was kann Gott tun, um eine Sünde zu vergeben, für die niemand ihn um Verzeihung bittet, die niemand als solche anerkennt?

Gott hat die Hände gebunden...

Er widerruft indessen nicht seinen Bund, *denn unwiderruflich sind Gnade und Bewährung, die Gott gewährt* (Röm 11,29). *Durch die Sünde aber kam der Tod in die Welt* (Röm 5,12). Und nun findet die Menschheit ihre Entfaltung nicht mehr gleichsam ganz von selbst in der überströmenden Lebensfülle des Gartens Eden, sondern nur noch durch harten Kampf. «Ja, im Schweiße deines Angesichts wirst du von nun an die Erde beherrschen. Ja, du wirst leiden, um deine Kinder zur Welt zu bringen, aber du wirst fortfahren, das Leben weiterzugeben...» Der Kampf zwischen Leben und Tod wird die ganze Menschheitsgeschichte durchziehen. Die Verheißung Gottes aber wird dem Menschen bereits eine Zukunft ankündigen, den endgültigen Sieg der Nachkommenschaft der Frau, in welcher der Tod für immer besiegt sein wird. Das Antlitz der Immakulata, der ersten Erlösten, erstrahlt bereits am Horizont der Zeit.

Die Früchte des Todes

Gott stellt außerdem fest: *«Du hast Verlangen nach deinem Mann, er aber wird über dich herrschen»* (Gen 3,16).

Die Autorität, die Adam zum Dienste am Leben erhalten hatte, wird zur Machtausübung und tritt insbesondere in der Beherrschung und Niederwerfung der Frau in Erscheinung.

Die Frau, die ihm wie eine Schwester war, wird zur Gegnerin, zum Objekt, über das der Mann nach Lust und Laune verfügt. Die Zuordnung zueinander wird zur Gegensätzlichkeit; der Kampf um die Macht bestimmt nun das Verhältnis der Geschlechter. Sadismus und Erotismus treten als Karikatur der Liebe auf. Die grundsätzliche Gleichwertigkeit zwischen Mann und Frau wird geleugnet. Nun heißt es, *«die da ist es, welche...»* und nicht mehr *«diese hier»* der ersten Liebe. Für das alles ist Gott nicht die Ursache. Um den Weg zur ursprünglichen Ordnung und zur wirklichen Liebe wiederzufinden, muß der Mann ständig auf der Hut sein vor der Versuchung, rücksichtslos niederzuwerfen und sich mit Gewalt durchzusetzen.

Gleiches gilt für die Frau: die Begierlichkeit wird zur Karikatur der Sehnsucht. Die Frau ist ein Wesen der Sehnsucht, sie ist immer auf das Wesentliche hin ausgerichtet, auf das, was jenseits von dem liegt, was sie besitzt. Die Sehnsucht läßt sie die Hände ausstrecken und das Herz sich öffnen; die Begierlichkeit bewirkt, daß sie diejenigen, die sie liebt, für sich behalten und besitzen will, indem sie sie derart fest an ihr Herz drückt, daß die Gefahr besteht, sie zu ersticken und nicht wirklich leben zu lassen.

Ein langer Weg wird nötig sein, um die ursprüngliche Gemeinsamkeit wiederzufinden, das Leben inmitten des Todes, zu dem sie das Tor geöffnet haben. Der Bund des Anbeginns bleibt aber bestehen, und es ist ein Bund für das Leben. Als ein Zeichen der Hoffnung und bereits des Sieges *nannte Adam seine Frau «Eva»* (Leben), *weil sie die Mutter aller Lebendigen wurde* (Gen 3,20), und er vermählte sich mit ihr.

Gott, der Herr, machte dem Manne und seiner Frau Röcke aus Fellen und bekleidete sie damit (Gen 3,21). Ich betrachte die Zärtlichkeit des Vatergottes, der seine Kinder nackt und gefährdet fortgehen sieht, und er selbst macht ihnen Gewänder, um sie zu schützen. Später werden sie ihnen wieder ausgezogen, um mit dem hochzeitlichen Gewand bekleidet zu werden und in die Festfeier des Gottesreiches einzugehen, in den wieder geöffneten Garten, wenn es Gott endlich gelungen sein wird, den Menschen zu retten.

Während der ganzen Zeit der Erwartung hört Gott nicht auf, sich uns immer wieder zu nähern und uns mit seiner Barmherzigkeit zu begleiten. Hier und jetzt haben wir uns aufzumachen und uns auf den Weg der Bekehrung des Herzens und der Rückkehr zur ersten Liebe zu begeben. Für Gott gibt es nichts, das unwiderruflich wäre; nichts ist unmöglich für ihn. Der «am Anfang» geschlossene Bund, so wie er uns berichtet wird, bleibt immer aktuell, und heute wie gestern ist er in der Lage, das, was anscheinend tot und auch wirklich tot ist, zu neuem Leben zu erwecken! Ja, die Genesis ist keineswegs eine Märchenerzählung, sondern die wahre und wirkliche Offenbarung der Größe der menschlichen Liebe und der Treue Gottes, der immer wieder zu uns kommt: «Mein Kind, wo bist du?» Das sagt er uns heute wie gestern, und an uns ist es, ihm in der Wahrheit zu antworten…

4. Eva, meine Mutter

«Adam nannte seine Frau "Eva", denn sie wurde die Mutter aller Lebendigen» (Gen 3,20).

Jahrhundertelang war Eva — und die Frau nach ihr — nichts weiter als «die Versucherin», sie allein war dafür verantwortlich, daß alle Übel in die Welt gekommen sind. Wenn man von einer Frau sagt, daß sie eine «Evastochter» sei, dann ist das im allgemeinen keineswegs ein Kompliment... Ich bin mir nicht sicher, ob im kollektiven Unterbewußtsein unserer Kirche diese Angelegenheit wirklich bereinigt ist, besonders, wenn man von Maria als einer Art «Anti-Eva» spricht. Die dreifache Gnade Evas aber («Gehilfin», Vermittlerin im spirituellen Bereich und «Prophetin», «Mutter des Lebens») bleibt auch nach der Sünde bestehen, denn Gott nimmt niemals seine Gaben zurück. Ich glaube, daß die Frauen — und die Theologie — viel verloren haben durch diese Reduzierung von Evas Persönlichkeit, mag es sich auch um einen Mythos handeln.

Nach dem Bilde des Barmherzigen

Der Mann nannte seine Frau Eva, denn sie wurde die Mutter aller Lebendigen... Adam erkannte Eva, seine Frau. Sie wurde schwanger und gebar Kain. Da sagte sie: «Ich habe einen Mann vom Herrn erworben...» (Gen 3,20 und 4,1).

Die Gnade des Lebens ist zutiefst in das Wesen der Frau eingeprägt. Die Frau ist schon durch ihren Namen für das Leben geweiht. Sie ist *Eva, die Lebende, die Mutter der Lebenden* (Gen 3,20).

Das ist aber noch nicht alles. Als Gott bei der Erneuerung seines Bundes dem Mose seinen Namen offenbart (Ex 34,6), stellt er sich als *der Barmherzige* vor. *«Unser Erlöser von jeher» wirst du genannt,* wird der Prophet Jesaja sagen (63,16). Das Wort «Barmherzigkeit» (rahamim) hat die gleiche Wurzel wie das Wort «Mutterschoß» (rehem), diese starke und instinktive Liebe, die den «Leib» jener Frau durchströmte, die vor dem König Salomon stand, um ihr Kind zu fordern, die es aber vorzog, es lebend zu sehen, als ihren Prozeß zu gewinnen (1 Kön 3,26). Gott wollte sich selbst «Mutterschoß» nennen, denn er liebt uns mit einer Liebe, die man zugleich väterlich und mütterlich nennen könnte. Er zeugt uns, und er gebiert uns.

Die Barmherzigkeit Gottes ist weitaus mehr als eine Art Schwamm, mit dem unsere Sünden ausgewischt werden; sie ist eine Wiedergeburt zum Leben. Dies ganz konkret wahrzunehmen ist die Herzmitte der biblischen Offenbarung, unseres Glaubens an Gott, «den Lebenden und Wahren». In der Tat, die ganze Bibel hindurch wird uns Gott diesen Aspekt des Mysteriums seines eigenen Wesens offenbaren: *Ist mir denn Efraim ein so teurer Sohn…? Denn immer, wenn ich an ihn denke, schlägt mein Herz für ihn, ich muß mich seiner erbarmen»* (Jer 31,20, aber auch Hos 11,8). Ja, übereinstimmend damit kann man sagen, daß Gott gleichzeitig «Vater» und «Mutter» ist. Daher benötigt er sowohl den Mann wie auch die Frau, um uns etwas von seinem Mysterium mitzuteilen.

Eva ruft aus, in einer Art uranfänglichem Magnificat: *«Ich habe einen Mann vom Herrn erworben.»* Man muß es betonen und immer wieder betonen: Mann und Frau sind Mitwirkende beim Schöpfungwerk Gottes. Wenn sie einem Kinde das Leben schenken, dann geschieht dies zunächst nicht um der «Arterhaltung» willen, sondern um «nach dem Bilde Gottes» zu sein, Spender des Lebens wie Er und mit Ihm.

Herr und Freund des Lebens

Wir berühren hier den tiefinnerlichsten Aspekt der Berufung der Frau in dem ihr eigenen Charisma. Ob sie es nun weiß oder nicht, es besteht in ihr eine Art tiefer Übereinstimmung mit einem Gott, der unaufhörlich lebende Wesen zeugt und gebiert. Was immer auch die manchmal sogar tragischen Begleitumstände sein mögen, sie kann sich selbst nicht daran hindern, das Leben zu lieben, selbst wenn sie nichts davon weiß, daß das Leben einen Namen hat: «Gott, nicht der Toten, sondern der Lebenden.»

> *Du liebst alles, was ist, und verabscheust nichts von allem, was du gemacht hast;*
> *denn hättest du etwas gehaßt, so hättest du es nicht geschaffen.*
> *Wie könnte etwas ohne deinen Willen Bestand haben, oder wie könnte etwas erhalten bleiben, das nicht von dir ins Dasein gerufen wäre?*
> *Du schonst alles, weil es dein Eigentum ist, Herr, du Freund des Lebens!* (Weish 11, 24-26)

Ein versiegelter Quell (Hld 4,12)

Daher ist die Frau Jungfrau. In der Tierwelt ist die Sexualität auf die Arterhaltung hin ausgerichtet, und das weibliche Tier ist für das sich gerade in der Nähe aufhaltende männliche Tier verfügbar. So ist es nicht bei der Frau. Die Jungfräulichkeit bringt keinen Nutzen, aber sie ist ein Zeichen. *«Ein verschlossener Garten, ein versiegelter Quell ist meine*

Schwester Braut», spricht der Bräutigam im Hohenlied (Hld 4,12). Die Frau ist zunächst Gottes Eigentum, sie trägt sogar eingeschrieben in ihren Leib den Namen eines Gottes, der das Leben ist und das Leben schenkt. Sie trägt in ihrem Leib den Bund mit Gott für das Leben. Sie wird in ihrem Leib einen Sohn Gottes tragen.

Deshalb ist auch alles «heilig», was das Leben, den Leib, die Sexualität, die Liebe, das Kind betrifft. Die Profanierung in diesem Bereich — unter dem Vorwand von «Tabus», von denen es sich zu befreien gilt — führt zum Tode, wir wissen es nur allzu gut! Es ist ganz wichtig, sich dies ins Bewußtsein zu führen, jetzt, wo so viele Stimmen in der modernen Welt die Ausübung der Sexualität auf die Befriedigung des Instinktes reduzieren und in ihr nichts weiter sehen als die Suche nach Vergnügen, ohne sich im geringsten darum zu bemühen, einen Sinn darin zu sehen…

Daher ist ein Fötus — mag er auch nur wenige Tage alt sein — nicht einfach ein bißchen Fleisch, über das man nach Belieben verfügen kann. Er ist bereits ein Kind Gottes, das ins Leben gerufen ist. *Der Herr hat mich schon im Mutterleib berufen; als ich noch im Schoß meiner Mutter war, hat er meinen Namen genannt…!* (Jes 49,1). Wenn wir der Offenbarung des Mysteriums eines Gottes, der der Spender des Lebens ist, treu sein wollen, dann können wir nicht anders, als dies mit Nachdruck zu betonen. Alles, was auf irgendeine Weise das Leben berührt, das berührt auch Gott.

Die Freude, einen Menschen zur Welt gebracht zu haben

Vielleicht haben wir Angst, in dieser Welt des Todes und der Gewalt Kinder in die Welt zu setzen, und, menschlich gesprochen, ist das durchaus verständlich. Wenn wir aber wissen, daß jedes Kind im Himmel einen Vater hat, der es ins

Leben ruft und von dessen Barmherzigkeit es in dieser Welt empfangen wird, dann werden unsere Ängste in gewisser Weise vom Evangelium besiegt.

Dies ist der Sinn des Besuches Mariens bei Elisabeth: Weil Maria Jesus in ihrem Leibe trägt, hüpft Johannes der Täufer im Schoße seiner Mutter vor Freude auf. Jedes Kind, das auf dem Wege ist, geboren zu werden, wird zunächst von Gott begrüßt, der zu ihm kommt, um ihm zu begegnen.

Wir müssen uns sehr tief und fest im Glauben verankern. Der große orthodoxe Theologe P. Evdokimov sagt, daß in der Welt jedes Abgleiten in den Atheismus erst dann in Erscheinung tritt, wenn zuvor die Frau vermännlicht wurde. Unter dem Vorwand, daß sie dem Manne gleich sei, versucht die Welt, sie dazu zu bringen, ihre «Zusammenarbeit» mit dem Gott des Lebens, diese Sehnsucht, die sie in sich trägt, zu verleugnen. Man versucht ihr einzureden — durch alle möglichen Überredungskünste —, daß es sich dabei um etwas Minderwertiges, um ein niedrigeres Entwicklungsstadium handelt, während es doch in Wirklichkeit eine Gnade ist. Es kann sogar so weit kommen, daß man versucht, ihr Schuldgefühle einzureden, weil sie glücklich ist in ihrer Mutterschaft.

Um was für eine Befreiung der Frau geht es hier eigentlich?

«Mach den Raum deines Zeltes weit» (Jes 54,2)

Ich bin der Überzeugung, daß man nicht bei der bloß fleischlichen Mutterschaft stehen bleiben darf, daß man wesentlich weiter gehen muß. Das Leben zu lieben, das Leben weiterzugeben (und es gibt so viele Möglichkeiten, dies zu tun), den Mann zu lehren, wie man lebt, wie man wahrhaft zum Menschen wird, ihn dazu hinzuführen, das Leben zu achten und es wachsen zu lassen, das ist die Sendung — und die Freude — jeder Frau, mag sie nun verheiratet sein oder nicht. Die Frau hat auf allen Ebenen große Aufgaben zu erfüllen, auch in der Politik, jedoch unter der Bedingung, daß sie den Mut hat, überall, wo sie auch sei, ein wesentlich frauliches Wort zu sagen und eine Botschaft der Liebe und der Ehrfurcht vor dem Leben. Ich bin oft unverheirateten Frauen begegnet, die schmerzlich ihre «Sterilität» — wie sie sagten — ertrugen. Selbst wenn sie die fleischliche Mutterschaft nicht gekannt haben, so ist ihnen doch eine andere Form der Fruchtbarkeit gegeben, die die Welt so nötig hat, und wenn man sie entdeckt..., welche Freude in Fülle!

> *«Dann wirst du dich in deinem Herzen fragen:*
> *Wer hat mir diese (Kinder) geboren?*
> *Ich war doch kinderlos und unfruchtbar...*
> *Wer hat mir die Kinder herangezogen?*
> *Ich war doch allein übriggeblieben.*
> *Wo kommen sie her?»* (Jes 49,21)

Zu diesem Thema hat Johannes Paul II. starke und prophetische Worte gesprochen! Am 15. August 1988 wagte er in seinem Apostolischen Schreiben «Mulieris Dignitatam» (es fristet leider bereits in den Bibliotheken ein kaum beachtetes Dasein) zu sagen: «Die Frau ist stark im Bewußtsein dessen, was ihr anvertraut worden ist, sie ist stark, weil Gott ihr den Mann anvertraut hat, und zwar immer und auf welche Weise es auch sei, sogar dann, wenn sie sich im Zustand sozialer Diskrimination befindet» (M. D. Nr. 30).

Ich erinnere mich, vor einigen Jahren in der Zeitschrift «Elle» einen Artikel gelesen zu haben (leider habe ich die Belegstelle nicht mehr zur Hand), der mir sehr bezeichnend zu sein scheint. Die Journalistin ist über die heftigen Reaktionen erstaunt, die durch die Stellungnahme Johannes Pauls II. über die Empfängnisverhütung hervorgerufen worden sind. Sie schreibt:

«Die Wüste, die sich in unseren Ländern des Überflusses ausbreitet, gibt uns Gelegenheit zum Nachdenken. Unsere Zivilisation ist von Haß auf die Kinder erfüllt. Da, wo das Leben am leichtesten ist, da ist es auch am geizigsten, als ob der Komfort durch diese seltsame Verdammnis bezahlt werden müsse: eine Art von Sterilität des Gemütslebens. Dies ist es, worauf die Worte des Papstes hinweisen wollen, und dies ist der Grund, warum wir darauf so aufgebracht reagieren; und während wir leidenschaftlich wettern, um den Papst zu veranlassen, seine Worte zurückzunehmen, obwohl es uns doch ein Leichtes wäre, sie ganz einfach unbeachtet zu lassen, regt sich die Gewißheit in uns: außerhalb des Lebens gibt es nichts... Wenn man sich also Gedanken über die Lebensweitergabe macht und wissen möchte, wann, wie, wie oft, mit wem und für wen das geschehen soll, dann fragt man schon nicht mehr nach dem Warum. Dann stellt man nämlich bereits fest, daß es besser ist, das Leben bei unvollkommenen Bedingungen weiterzugeben, als es überhaupt nicht zu tun. Damit öffnet man den Worten des Papstes bereits ein ganz klein wenig die Türe zu seinem Herzen, und man beginnt sich zu fragen, ob sich nicht vielleicht — ungeachtet unseres Widerspruchs — hinter den kategorischen Worten der Lehre die einzig annehmbare Botschaft eines Gottes an seine Menschenbrüder verbirgt, die Botschaft des Lebens.»

Ohne Kommentar!

Nur der Lebende vermag dich zu loben

Ich frage mich, ob sich nicht hinter den leidenschaftlichsten Diskussionen über diese Themen, die uns auf den Nägeln brennen, echte Fragen verbergen, die wir nicht zu stellen wagen.

Wie steht es mit unserer Liebe zum Leben? Lieben wir es mit der gleichen Leidenschaft, mit der Gott es liebt? Behaupten wir nicht manchmal, daß uns am Leben nichts liegt, daß wir es «erleiden» wie ein Sklave, daß wir jammern, ohne einen vernünftigen Grund dazu zu haben?

Lehren wir unsere Kinder die Liebe zum Leben…? Die erste Waffe, die man ihnen geben muß, damit sie sich den Kämpfen der heutigen Welt zu stellen vermögen, ist die Liebe zum Leben, das als eine sehr kostbare Gabe Gottes empfangen wird.

Gott ist Leben. *Gott blies in seine Nase den Lebensatem. So wurde der Mensch zu einem lebendigen Wesen* (Gen 2,7). Sind wir wirklich Lebende? Ich sage nicht, daß man naiv sein soll, und ich kenne nur allzu gut die schwere Belastung gewisser Prüfungen… Lieben wir jedoch das Leben, jenseits des Übels, jenseits des Todes, so wie Gott es liebt, weil das Leben stärker ist als der Tod? Das Leben, das uns gegeben wurde, ist für die Ewigkeit geschaffen, es ist wie ein Keim, der im ewigen Leben aufblühen wird. Ich denke an den wundervollen Ruf, mit dem das Werk «Johanna auf dem Scheiterhaufen» von Paul Claudel schließt: Johanna, die in eine lebende Fackel verwandelt wurde, ruft aus:

> *«Es gibt das Leben, und das Leben ist stärker,*
> *es gibt Gott, und Gott ist der Stärkere!»*

Gewiß, wir sind tagtäglich Zeugen des Massakers an den Unschuldigen. Wir müssen den Mut haben, hinzuschauen: Massaker an den Unschuldigen, die vor Hunger sterben, Massaker an den Unschuldigen in den Kriegen, bei Folterungen, Massaker an den Unschuldigen, wenn man Kinder der Prostitution ausliefert, Massaker an den Unschuldigen, wenn sie abgetrieben werden… Die Körper werden massakriert, die Seelen werden massakriert… Wenn aber das Leben stärker ist als der Tod, wenn unser Gott der Lebende ist, wovor könnten wir uns fürchten?

> *Dann erschien ein großes Zeichen am Himmel: Eine Frau, mit der Sonne bekleidet, der Mond war unter ihren Füßen und ein Kranz von zwölf Sternen auf ihrem Haupt. Sie war schwanger und schrie vor Schmerz in ihren Geburtswehen. Ein anderes Zeichen erschien am Himmel: ein Drache, groß und feuerrot... Er wollte ihr Kind verschlingen, sobald es geboren war... Und sie gebar... einen Sohn... Und ihr Kind wurde zu Gott und zu seinem Thron entrückt. Die Frau aber floh in die Wüste, wo Gott ihr einen Zufluchtsort geschaffen hatte...* (Offb 12,1 f).

Oh, Maria, auch du bist eine Tochter Evas, wie der Akathistos-Hymnus dich besingt: Du bist es, «durch die Eva nicht mehr weint!», hilf uns, das Leben zu schenken, das Leben zu lieben!

Wenn wir das Leben lieben und wenn wir an das Leben glauben, engagieren wir uns dann für das Leben? Wie? Wo? Setzen wir alle unsere Kräfte ein in diesem großen Kampf um das Leben in all seinen Formen?

Oder führen wir nur diese lächerlichen Kämpfe um Besitz und Macht, um «unseren Lebensstandard aufrechtzuerhalten...»?

Das sind einige echte Fragen, die wir uns vor Gott, dem Lebenden, stellen können.

Es genügt nicht, für dieses oder jenes gute Werk Geld zu spenden, das ist erst ein ganz kleiner Anfang. Wir müssen uns mit Leib und Seele dafür einsetzen, daß das Leben sich ändert und daß es auch für die Armen, die Kleinen, die Kinder erträglich sei.

Vom Alten zum Neuen Bund

1. Mit ewiger Huld habe ich Erbarmen mit dir (Jes 54,8)

Mit dem ersten Menschenpaar hatte Gott einen Bund geschlossen für das Leben der Welt und das Leben des Menschen. Er hatte über sie seinen Segen ausgesprochen, und diesen Segen nimmt er nicht zurück, und weder die Ursünde noch die Sintflut vermögen ihn außer Kraft zu setzen. *Wenn wir untreu sind, bleibt er doch treu, denn er kann sich selbst nicht verleugnen* (2 Tim 2,13).

Um die ganze Geschichte hindurch seinen verlorenen Sohn Adam zu suchen, hört Gott nicht auf in seinem Bestreben, uns Wege zu eröffnen. Sein durch die Propheten von Israel übermitteltes Wort hat nicht aufgehört, dem Menschen zu sagen, mit welcher Liebe Gott ihn suchte. Es geschieht ja aus Liebe, daß Gott sich dem Menschen zuwendet. Daher drückt er sich in der Sprache der Liebe aus, um ihn erreichen zu können.

Dein Schöpfer ist dein Gemahl (Jes 54,5)

Ehe Israel wahrhaft Israel wurde, hatte es entsprechend der sexuellen Praktiken jener Zeit und der es umgebenden Völker gelebt. Das Wort Gottes ging von diesen Praktiken aus, um sie nach und nach zur Weiterentwicklung zu führen. Daher finden wir in der Bibel manchmal Texte, die einander widersprechen: Die einen geben Anordnungen betreffs des sexuellen Verhaltens, die anderen, besonders die der Propheten, sprechen über dessen tieferen Sinn, um das Volk dazu zu führen, dem Plane Gottes entsprechend zu leben.

Der Gesetzgeber befaßt sich mit dem Zyklus der Frau; die monatliche Regel wird «Reinigung» genannt; in dieser Zeit ist die Frau sowohl von vielen Dingen ausgeschlossen wie auch geschützt. Später werden dann Gesetze erlassen, die den geschiedenen Frauen und den Witwen ihre soziale Stellung umschreiben, wie zum Beispiel die Vorschrift des Mose, ihnen einen Scheidebrief auszustellen, sowie das Leviratsgesetz.

Gleichzeitig warnen die einsichtsvollen Männer Israels das Volk mit harten Worten vor dem Einfluß fremder Frauen, die ihre Idole mitbringen, wodurch die Gefahr herbeigeführt wird, das Volk von der Verehrung des wahren Gottes abzuwenden. Hat nicht Salomon selbst in seinem Alter diesen Idolen einen Tempel errichtet, da einige seiner Frauen ihn darum gebeten hatten?

Wenn wir indessen die Geschichte des Volkes Gottes in seiner Entwicklung betrachten, dann sind wir beeindruckt von der Art und Weise, wie Gott durch die Stimme der Propheten in der Liebe von Mann und Frau gegenwärtig ist. Gott bekundet sich, indem er an die Lebensweise der Menschen jener Zeit anknüpft; aber indem er sich aussagt, bildet er sie um und stellt ihnen Anforderungen vor Augen, wie zum Beispiel bei dem Aufruf, von der Polygamie zur Monogamie und vom sexuellen Akt zur Liebe fortzuschreiten.

Diese Offenbarung erreicht im Buche Hosea und im Hohenlied ihren Höhepunkt. Die ganze Eifersucht Gottes, seine Geduld, seine irrsinnige Liebe in der Treue gegenüber dem, der untreu ist, die Verzeihung, die gewährt, manchmal aber auch verweigert wird —, all das ist in den heiligen Texten ausgesagt. Gott kommt immer wieder hierauf zurück, auf diese Forderung der einzigen Liebe und der Treue gegenüber der *Gemahlin der Jugend.*

Es ist für uns gut, diese so schönen und manchmal auch herzzerreißenden Texte aufs neue zu lesen; sie sind von so «menschlicher» Tiefe und entströmen geradewegs dem Herzen Gottes, in welchem die Liebeslieder aller Liebenden der Welt ihren Ursprung haben.

Dein Schöpfer ist dein Gemahl,
«Herr der Heere» ist sein Name.
Der Heilige Israels ist dein Erlöser,
«Gott der ganzen Erde» wird er genannt.
Ja, der Herr hat dich gerufen,
als verlassene, bekümmerte Frau.
Kann man denn die Frau verstoßen,
die man in der Jugend geliebt hat?,
spricht dein Gott.
Nur für eine kleine Weile habe ich dich verlassen,
doch mit großem Erbarmen hole ich dich heim.
Einen Augenblick nur verbarg ich vor dir mein Gesicht
in aufwallendem Zorn;
aber mit ewiger Huld habe ich Erbarmen mit dir,
spricht dein Erlöser, der Herr.
Wie in den Tagen Noahs soll es für mich sein:
So wie ich damals schwor,
daß die Flut Noahs die Erde nie mehr
überschwemmen wird,
so schwöre ich jetzt, dir nie mehr zu zürnen
und dich nie mehr zu schelten.
Auch wenn die Berge von ihrem Platz weichen
und die Hügel zu wanken beginnen —
meine Huld wird nie von dir weichen
und der Bund meines Friedens nicht wanken,

spricht der Herr,
der Erbarmen hat mit dir.
(Jes 54, 5-10)

Nicht länger nennt man dich «Die Verlassene», und dein Land nicht mehr «Das Ödland», sondern man nennt dich «Meine Wonne» und dein Land «Die Vermählte». Denn der Herr hat an dir seine Freude, und dein Land wird mit ihm vermählt. Wie der junge Mann sich mit der Jungfrau vermählt, so vermählt sich mit dir dein Erbauer. Wie der Bräutigam sich freut über die Braut, so freut sich dein Gott über dich). (Jes 62, 4-5)

... Darum will ich selbst sie verlocken. Ich will sie in die Wüste hinausführen und sie umwerben... Sie wird mir dorthin bereitwillig folgen wie in den Tagen ihrer Jugend, wie damals, als sie aus Ägypten heraufzog... Ich traue mich dir an auf ewig, ich traue mich dir an um den Brautpreis von Gerechtigkeit und Recht, von Liebe und Erbarmen; ich traue mich dir an um den Brautpreis meiner Treue: Dann wirst du den Herrn erkennen (Hos 2, 15-18, 21-22).

Seht, ich mache alles neu (Offb 21,5)

Gott verspricht seinem Volk ein neues Herz, ein Herz, das endlich zu lieben versteht: *«Ich schenke euch ein neues Herz und lege einen neuen Geist in euch. Ich nehme das Herz von Stein aus eurer Brust und gebe euch ein Herz von Fleisch* (Ez 36,26).

Der Tag wird kommen, wo die Vermählung nicht länger nur das Symbol für den Bund Gottes mit seinem Volke ist, sondern die Wirklichkeit, die Erfüllung einer Liebe, die bis zum Ende geht. Gott vermählt sich in Maria mit der Menschheit in ihrem Fleisch, Jesus wird ein einziges Fleisch mit der Menschheit.

Im mathematischen Sinne des Wortes könnte man sagen, daß hier eine Umkehrung der Vorzeichen stattfindet: das Menschliche dient als Symbol der Liebe Gottes, und Christus wird das Zeichen für die höchste Vollendung der menschlichen Liebe, und gleichzeitig gibt er uns die Möglichkeit, sie zu leben. In Kana wird das Wasser für die Waschungen der Juden zum Hochzeitswein. Gott wählte Worte der Liebe, um sich den Menschen kundzutun, und nun werden wir durch das Ehesakrament eingeladen, an der Wirklichkeit der Liebe Christi teilzunehmen und sie der Welt weiterzugeben.

Ja, Jesus hat uns mit einer treuen Liebe geliebt, mit einer Liebe, die sich ein für allemal und für immer gegeben hat. So begeben auch wir uns bei der Eheschließung auf einen Weg, der nicht mehr rückgängig gemacht werden kann. Die Liebe hat den anderen gewählt, weil sie ihn für einzigartig betrachtet und ihn allen anderen vorzieht. Damit engagiert man sich ganz und gar, mit dem Herzen, mit Leib und Seele, und infolgedessen gibt man alles andere hin.

Wir sind dazu geschaffen, um auf diese Weise zu lieben, weil wir nach dem Bilde Gottes geschaffen sind. Von einer solchen Liebe träumen unsere Jugendlichen, sogar — und vielleicht vor allem — jene, die durch ihr Verhalten am weitesten von ihr entfernt zu sein scheinen, und man bemüht sich nach Kräften, diesen Traum in ihnen zu zerstören, selbst wenn sie dabei selbst zerstört werden. Ohne Zweifel besteht hierin in der modernen Welt die größte Schwierigkeit, eine wirkliche Liebe zu leben, einverstanden zu sein, den Preis dafür zu entrichten. Wir haben es uns zur Gewohnheit gemacht, im gegenwärtigen Augenblick zu leben, in der Unstetigkeit, ohne eine Wahl zu treffen, ohne uns zu engagieren. Jesus aber hat sich in seiner Liebe zum Menschen bis zum

Ende engagiert. *Er kam in sein Eigentum, aber die Seinen nahmen ihn nicht auf* (Joh 1,11). Dennoch hat er sein Engagement nicht zurückgenommen, er hat seine Barmherzigkeit nicht widerrufen; geduldig wartet er darauf, daß wir uns dazu entschließen, ihn zu lieben, und manchmal weint er darüber: *Jerusalem…, wenn doch auch du an diesem Tag erkannt hättest, was dir Frieden bringt…! Du hast die Zeit der Gnade nicht erkannt»* (Lk 19, 42,44).

So werden wir zu einer Liebe eingeladen, die niemals aufgibt und die niemals die Hoffnung verliert, die ein langes Warten und sogar einen scheinbaren Mißerfolg in Kauf nimmt. Das ist keine leicht zu ertragende Erfahrung.

Jesus liebt uns mit einer fruchtbaren Liebe, das heißt, mit einer Liebe, die das Leben gibt, die die Quelle des Lebens ist. So führt die menschliche Liebe in der Ehe dazu, das Leben in all seinen Formen weiterzugeben, zunächst aber dem Geliebten. In der Ehe bringt in gewisser Weise jeder der Gatten der anderen zur Welt.

Jesus hat uns mit einer barmherzigen Liebe geliebt, mit einer Liebe, die verzeiht, selbst wenn sie zutiefst verwundet wird. Zu einer solchen Liebe sind wir im Eheleben berufen: *Seid gütig zueinander, seid barmherzig, vergebt einander, wie auch Gott euch durch Christus vergeben hat* (Eph 4,32).

Auf diese Weise wird die Ehe in ihrem ganzen Ausmaß, in ihrer ganzen Weite gelebt und wird, nach den Worten von Kardinal Daneels, das «audiovisuelle» Zeichen der Liebe, mit welcher Gott uns geliebt hat. Von dieser Liebe müssen wir in unserem täglichen Leben das Zeichen sein, inmitten einer Welt, die im Sterben liegt, da sie nicht mehr an die Liebe glaubt und nicht mehr zu lieben versteht.

2. Das Abenteuer Abrahams

«Zieh' weg aus deinem Land» (Gen 12,1)

Dieses Abenteuer beginnt mit dem persönlichen Ruf an Abram. *Der Herr sprach zu Abram: «Zieh' weg aus deinem Land, von deiner Verwandtschaft und aus deinem Vaterhaus in das Land, das ich dir zeigen werde»* (Gen 12, 1-2), und der Herr fügt hinzu: *«Ich werde dich zu einem großen Volk machen und dich segnen.»* Abram entspricht unverzüglich diesem Ruf: *Abram nahm seine Frau Sarai mit, seinen Neffen Lot und all ihre Habe, die sie erworben hatten, und die Knechte und Mägde... und sie wanderten nach Kanaan aus.* Abram macht sich mit seiner ganzen Familie auf den Weg, vor allem mit seiner Frau Sarai, die ebenfalls bei ihrem Namen gerufen worden war.

Hier drängt sich uns der Vergleich auf mit dem Ruf am Anfang der Genesis: Der Mann verläßt Vater und Mutter und bindet sich an seine Frau (2,24). Am Anfang jedes Abenteuers steht dieser Entschluß zum Aufbruch, es ist in etwa dieser gleiche Ruf, den wir alle im Augenblick der Verlobung wahrgenommen haben: *Zieh' weg aus deinem Vaterhaus in das Land, das ich dir zeigen werde. Ich werde dich zu einem großen Volke machen und dich segnen»* (Gen 12,1-2). So beginnt jede Ehe mit der Antwort auf einen Ruf. Es ist der Ruf zu einem Abenteuer — wir dürfen davor nicht die Augen verschließen

—, es ist die Wanderung in ein Land, das wir nicht kennen, und wo es auf dem Wege, wie wir wohl wissen, auch Durststrecken zu durchqueren gilt. Abram und Sarai aber machen sich auf den Weg.

Dieser erste Glaubensakt ist die Grundlage jeder Berufung zur Ehe. Den anderen aus den Händen Gottes zu empfangen, das beinhaltet eine Freiheit, eine Offenheit und einen Elan, aber auch eine Loslösung, ein Risiko. Wir dürfen uns nicht davor schützen wollen. Eine Lebensversicherung für die Ehe gibt es nicht. Der Erfolg ist nicht im voraus garantiert. Selbst die Liebe der Gatten vermag für sich allein nicht zu genügen. Es braucht, wie bei jedem echten Engagement, im voraus den festen Willen des einen und des anderen, in diesem Engagement durchzuhalten, koste es, was es wolle. Aber auch das genügt noch nicht, man muß auch daran glauben, und manchmal gegen jede menschliche Voraussicht, daß dies möglich ist. Es braucht hier den Glauben an den unwiderruflichen Bund, den Gott im Ehesakrament mit uns schließt, den Glauben an die Verheißung Gottes, daß uns Tag für Tag die Gnade gegeben wird, die Durststrecken zu durchstehen. Gott nimmt ja niemals weder seine Verheißungen noch seine Gaben zurück.

«Sarah, meine Schwester, meine Gemahlin»

Um sich zu schützen, hat Abram zweimal seine Ehe mit Sarai verleugnet, zunächst vor dem Pharao, und später vor dem König Abimelech, dem König von Gerar. Abram hatte Angst, daß der Pharao oder Abimelech ihn umbringen würden, um ihm dann seine Frau wegnehmen zu können, denn sie war sehr schön. Er fand daher einen ganz einfachen Ausweg: *«Sag', daß du meine Schwester bist.»* Jedesmal greift der Herr jedoch kraftvoll ein, als Garant, könnte man sagen, des Ehebundes zwischen Abram und Sarai. Abram hatte nicht verstanden, daß dieser Bund zwischen Gatte und Gattin einzigartig ist und daß man ihn unter keinen Umständen verleugnen darf, denn er ist das Abbild des Bundes Gottes mit seinem Volk... Das Eingreifen Gottes läßt es ihn begreifen.

Die Prüfung des Wartens

Der Herr wird seine Verheißung an Abram und Sarai erneuern. Abram ist reich geworden, das ganze Land ist sein Eigentum. *Er hatte einen sehr ansehnlichen Besitz an Vieh, Silber und Gold* (Gen 13,2). Das Wesentliche aber fehlt ihm: *«Mein Herr, was willst du mir schon geben? Ich gehe doch kinderlos dahin, und Erbe meines Hauses ist Elieser aus Damaskus...» Da erging das Wort des Herrn an ihn: «Nicht er wird dich beerben, sondern dein leiblicher Sohn... Sieh' doch zum Himmel hinauf und zähl' die Sterne, wenn du sie zählen kannst... So zahlreich werden deine Nachkommen sein.» Abram glaubte dem Herrn, und der Herr rechnete es ihm als Gerechtigkeit an* (Gen 15, 3-6).

Indessen, die Zeit geht dahin. Abram und Sarai werden alt, und der Herr greift immer noch nicht ein. Wir wissen um den in solchen Fällen üblichen Ausweg in der Zivilisation jener Zeit, man nimmt eine Art Leihmutter zu Hilfe. Sarai führt dem Abram ihre ägyptische Magd Hagar zu: *«Geh' zu meiner Magd! Vielleicht komme ich durch sie zu einem Sohn.»* Abram hörte auf Sarai, und Ismael wurde geboren.

Abram glaubt an die Verheißung Gottes, aber er hat nicht die Geduld, auf ihre Verwirklichung zu warten. Wie oft machen wir es ebenso und erlauben uns einen Vorgriff, was Gottes Verheißung betrifft! Statt auf jene Fruchtbarkeit zu warten, die Gott uns schenken will, fabrizieren wir uns selbst immer wieder eine künstliche Fruchtbarkeit! Wir warten nicht auf die Gabe Gottes. Wie oft sagen wir: «Herr, ich glaube an dein Wort», gleichzeitig aber treten wir selbst in

Aktion, um die uns gegebene Verheißung nach unseren eigenen Vorstellungen zu verwirklichen. Dann kommt Ismael zur Welt, er ist nicht das Kind der Verheißung. Sarai ist der Versuchung des «alles, und alles sofort» erlegen. Mit Gott aber dauern die Vorbereitungen lange, wenn jedoch der richtige Augenblick gekommen ist, dann handelt er schnell. Die Zeit der Geduld ist die Zeit des Wartens und des Hoffens, das heißt, die Zeit des nackten Glaubens an die göttliche Verheißung. Oft scheint diese Zeit uns sehr lange zu dauern...!

Viele Ehepaare wissen um die schmerzvolle Prüfung der Unfruchtbarkeit. Sie haben keine Kinder und warten Monat für Monat auf die Gabe Gottes; sie empfinden den Widerspruch zwischen der Berufung zur Fruchtbarkeit und der Unmöglichkeit, sie zu verwirklichen. Gewiß, es gibt verschiedene Formen der Fruchtbarkeit, und wir alle kennen solche kinderlose Familien, die *den Raum ihres Zeltes erweitert haben,* um «Waisenkinder» jeder Art und jeden Alters aufzunehmen und «zur Welt zu bringen». Wir wissen auch, daß Gott Gott ist und daß er immer seine Verheißung erfüllt, wenn auch manchmal auf Wegen, die sehr verschieden sind von denen, die wir uns vorgestellt hatten. Es ist nicht immer leicht, sie zu beschreiten.

Ich möchte aber die Aufmerksamkeit vor allem auf eine bei den Ehepaaren ziemlich häufige Versuchung lenken: Die natürliche Fruchtbarkeit wird als eine Art Sterilisierung der Frau und manchmal auch des Mannes angesehen. Ich zähle alle die vielen Dinge auf, an denen ich gehindert bin, weil ich Kinder habe: das Vorwärtskommen im Beruf, diese oder jene Tätigkeit, die ich nicht mehr ausüben kann... «Wenn ich Kinder habe, dann kann ich nicht mehr... usw.» Ich zähle eine ganze Liste auf von all dem, was ich — oder wir — nicht mehr tun können, man muß zu allerlei «Opfern» bereit sein, und das scheint unerträglich, frustrierend, zu sein. In der modernen Welt ist man ja oft der Ansicht, daß die Tatsache, Kinder zu haben, paradoxerweise als eine Sterilisierung der menschlichen Entfaltungsmöglichkeiten angesehen wird, besonders die der Frau. Damit ist in den Augen vieler eine Abtreibung bereits gerechtfertigt. Dies ist eine in den verschiedenen Kulturen noch nie dagewesene Erscheinung, und ich glaube, sie ist an eine gewisse Vorstellung von der «Befreiung der Frau» in unseren reichen Ländern gebunden, und damit werden wir vor schwerwiegende Probleme gestellt. Wagen wir es, diese Probleme öffentlich zur Sprache zu bringen, jedesmal, wenn sich uns die Gelegenheit dazu bietet? Und wie steht es mit uns selbst? Haben wir den Mut, uns diese Fragen zunächst selber zu stellen?

Wo ist der Ort meiner eigenen Sterilität?

Bejahe ich diejenige Form der Fruchtbarkeit, die Gott mir geben will? Habe ich nicht — mehr oder weniger unbewußt — so etwas wie Groll gegen meine Kinder, gegen meinen Ehegefährten, weil sie mich daran hindern, das zu sein, was ich manchmal so gerne geworden wäre?

Fabriziere ich mir nicht selbst das Kind der Verheißung?

Dein Wort, von Ewigkeit zu Ewigkeit

Wiederum greift Gott nun ein; er ändert den Namen Abrams und nennt ihr Abraham, was so viel heißt wie «Vater der Menge». *Nach dem Schriftwort: «Ich habe dich zum Vater vieler Völker bestimmt», ist er unser aller Vater vor Gott, dem er geglaubt hat* (Röm 4,17), und Sarai wird zu Sara (Abraham war hundert Jahre alt und Sara neunzig). Die Beschneidung wird das fleischliche Zeichen dieses Bundes mit dem Gott des Lebens.

Abraham lacht, als er die Verheißung Gottes vernimmt, ebenso wie Sara, als sie unter der Eiche von Mambre die drei geheimnisvollen Reisenden hört, die ihr ihre baldige Mutterschaft ankündigen. Und geschieht es nicht auch uns, daß wir nicht zu glauben wagen, daß wir die Verheißung Gottes nicht ernst nehmen? Es ist sozusagen in unser Wesen eingeschrieben, daß wir jedesmal ganz erstaunt sind, wenn Gott uns erhört… Maria aber glaubt ohne jeden Vorbehalt, *daß bei Gott nichts unmöglich ist.*

Das Kind der Verheißung

In Isaak ist nun die Verheißung erfüllt. Eines Tages aber wird eine furchtbare Prüfung den Glauben Abrahams aufs äußerste erproben: Gott scheint das zurückzufordern, was er vorher auf so wunderbare Weise gegeben hatte, er verlangt, daß Isaak geopfert wird.

Abraham gehorcht ohne Zögern und steigt mit dem Kinde den Berg Morija hinauf, zu dem Orte, welcher «Der Herr sieht» genannt wird… Sein Glaube wankt nicht. Auf die Frage Isaaks: *«Vater, wo ist das Lamm für das Brandopfer?»*, antwortet er: *«Gott wird sich das Opferlamm aussuchen, mein Sohn.»* Damit spricht er die vollständigste Prophezeiung des Heilsmysteriums aus: Er verkündet im nackten Glauben, daß Gott allein zu retten vermag *in der Sendung des wahren Lammes, wie sie bereits vor der Erschaffung der Welt vorausgesehen war,* indem er sich selbst zum Opferlamm macht. Dadurch, daß Abraham in den Glaubensgehorsam eintrat, ist er damit in die Erkenntnis des wahren Gottes eingetreten, für den alles Gnade ist und es nichts Unmögliches gibt.

Wir haben in unserem konkreten Leben auch diese Konfrontation mit dem Absurden kennengelernt, diese entscheidende Prüfung unseres Glaubens. In einem solchen Augenblick sind wir oft versucht, an der Verheißung Gottes zu zweifeln. Alle, die ein Kind verloren haben, wissen darum, und sie wissen auch, wie schwer es ist, zu verstehen, warum Gott das, was er gegeben hatte, jetzt wieder zurücknimmt, und wir wissen, wie schwierig es für uns ist, keine Rechenschaft von ihm zu verlangen und ihm keine Revolte entgegenzuschreien… Von dieser Prüfung sind aber auch all jene so zahlreichen Ehepaare betroffen, die mitansehen müssen, wie ihre Kinder die Wege des Todes und der Sünde beschreiten. Manchmal sind wir versucht zu sagen: «Herr, das ist ungerecht, ich bin ein treuer Diener gewesen, ich habe an dich geglaubt, ich habe für dich gearbeitet, ich bin jeden Sonntag und manchmal sogar während der Woche in die heilige Messe gegangen, ich war ein guter Mitarbeiter in deiner Kirche… Warum läßt du zu, daß es mir nicht gelungen ist, meinen Kindern meinen Glauben weiterzugeben? Warum erlaubst du es, daß sie alles über Bord werfen, was ich sie gelehrt habe, alles, was ich ihnen vorzuleben versuchte?»

Damit berühren wir einen Schmerz, den viele von uns in seinem ganzen Ausmaß verspüren. Dennoch, Gott bleibt getreu. Der Herr beruft uns, auf schwierigen Wegen den Berg des «Gott sieht» zu ersteigen. Dort empfängt Abraham den Isaak ein zweitesmal aus den Händen Gottes als eine Gnade, die er nicht für möglich gehalten hatte. Ja, Gott sorgt vor…!

Welches ist nun mein eigener Isaak, den Gott heute von mir fordert? Welches ist der Isaak, den Gott mir heute gibt, den ich aus seiner Hand empfangen darf, als eine unaufhörlich erneuerte Gnade, auf die ich keinerlei Anrecht habe?

Das Wort: *«Für Gott ist nichts unmöglich»* (Lk 1,37) hatte der Engel der Verkündigung zu Maria gesagt. Es war bereits in jener ersten Ankündigung im Schatten der Eiche von Mambre ausgesprochen worden. Auch wir sind dazu berufen, jeder für sich, aber auch gemeinsam als Ehepaar, in den Glauben einzutreten. Dort erwartet der Herr uns heute, um uns in seiner Gnade zu erneuern und uns fähig zu machen, den geheimnisvollen Weg des Willens des Vaters zu beschreiten, der uns sehr viel mehr zu geben vermag als das, was wir zu hoffen wagen.

3. Es war eine Hochzeit zu Kana

> ... *Am dritten Tag fand in Kana in Galiläa eine Hochzeit statt, und die Mutter Jesu war dabei. Auch Jesus und seine Jünger waren zur Hochzeit eingeladen* (Joh 2,1).

Am dritten Tag (Joh 2,1)

Der heilige Johannes gibt den Tagen dieser ersten Woche des öffentlichen Lebens Jesu eine besondere Bedeutung. Der Text ist von großem symbolischen Reichtum. Durch das Zeugnis Johannes des Täufers, der gesehen hatte, *daß der Geist vom Himmel herabkam wie eine Taube und auf ihm blieb* (Joh 1,32), war Jesus öffentlich als *der Sohn Gottes, das Lamm Gottes* (Joh 1,34; 29) bezeugt worden. Am nächsten Tage beruft er seine ersten Jünger; es ist der erste Beginn dessen, was die Kirche wird, die hier in der Intimität eines gemeinsam verbrachten Abends beginnt. *Der dritte Tag,* der zum Tage wird, *den der Herr gemacht hat,* der Tag der Auferstehung, mit dem die neue Zeit ihren Anfang nimmt, ist der Tag der Hochzeit zu Kana, und Jesus ist dort mit seinen ersten Jüngern. Er wird sein erstes Zeichen wirken, *mit dem er seine Herrlichkeit offenbarte, und seine Jünger glaubten an ihn* (Joh 2,11).

Das öffentliche Leben Jesu beginnt unter dem Zeichen der menschlichen Hochzeit. Die Sendung des Erlösers wird ihre Erfüllung finden in der Ankündigung der Hochzeit des Lammes, in der nun endlich offenkundig gewordenen Herrlichkeit des Himmelreiches, das Gott für uns bereitet hat. Das Mysterium des Himmelreiches ist ein hochzeitliches Mysterium. Das ist von großer Bedeutung für die Ehe selbst. Sie ist nicht länger ein bloßer Vertrag, kein rein menschlicher Vorgang, keine rein irdische Angelegenheit, die auf die Gründung einer Familie hingeordnet ist. Diese verschiedenen Aspekte werden nicht beiseite gelassen, sondern sie finden ihre Erfüllung. Die Ehe wird zum Zeichen des unauflöslichen Bundes, in welchem Gott sich selbst engagiert hat. Die Anwesenheit Jesu in Kana in jenen entscheidenden Tagen, wo Jesus seine Sendung beginnt, ist von zutiefst symbolischer Bedeutung, es ist der Übergang vom Gesetz zur Liebe.

Jesus ist eingeladen worden, am Feste teilzunehmen, vielleicht wegen Maria, die sich dort aufzuhalten scheint, um bei den Festvorbereitungen mitzuhelfen. Und wir, laden wir Jesus zu unseren menschlichen Festfeiern ein? Er scheint sich darüber zu freuen…

«Sie haben keinen Wein mehr» (Joh 2,3)

Der Hochzeitswein ist ausgegangen, und auf die Bitten Mariens hin wird Jesus das Wasser in *guten Wein* verwandeln, weitaus mehr, als notwendig gewesen wäre.

> *Es standen dort sechs steinerne Wasserkrüge, wie es der Reinigungsvorschrift der Juden entsprach, jeder faßte ungefähr hundert Liter. Jesus sagte zu den Dienern: «Füllt die Krüge mit Wasser!» Und sie füllten sie bis zum Rande. Er sagte zu ihnen: «Schöpft jetzt, und bringt es dem, der für das Festmahl verantwortlich ist.» Sie brachten es ihm. Er kostete das Wasser, das zu Wein geworden war… Da ließ er den Bräutigam rufen und sagte zu ihm: «Jeder setzt zuerst den guten Wein*

vor und erst, wenn die Gäste zuviel getrunken haben, den weniger guten. Du jedoch hast den guten Wein bis jetzt zurückgehalten.» So tat Jesus sein erstes Zeichen, in Kana in Galiläa, und offenbarte seine Herrlichkeit, und seine Jünger glaubten an ihn (Joh 2, 6-11).

Der Wein ist zunächst das Zeichen der Freude und des Festes. Der Wein ist, mit dem Weizen und dem Öl, eine Gabe des Schöpfergottes, und er wird im Psalm 104, diesem nicht endenwollenden Lobgesang, erwähnt. *Er erfreut das Herz des Menschen.* Jesus selbst hat ihn geschätzt, auch wenn er deshalb Verunglimpfungen ausgesetzt war (vgl. Mt 11,19).

Mit dem Fest aber scheint es ein plötzliches Ende nehmen zu wollen, denn der Wein ist ausgegangen...! So ist es manchmal mit unseren menschlichen Freuden. Wir haben alle, besonders als wir noch Kinder waren, diese Traurigkeit gekannt, wenn das Fest zu Ende ging. «Ist es schon vorbei...?» Wir möchten so gern, daß es nie ein Ende nimmt! Und die Wirklichkeit dieser bevorzugten Augenblicke, so schön sie auch sein mögen, ist immer irgendwie unvollkommen, bleibt immer unterhalb unserer Hoffnungen und Träume.

Wenn die Liebe sich erschöpft zu haben scheint, wenn in der Demütigung des Mißerfolgs die Freude unsere Heimstätten flieht, wenn aber Jesus bei unserer menschlichen Hochzeit zu Gast ist, dann werden unsere Mängel ein Ruf an seine Fülle. Der neue Wein, der beste, *der bis jetzt aufbewahrt worden war,* tritt nun an die Stelle des Wassers in den Krügen. Das, was unsere allzu enge Voraussicht vorberechnet hatte, wird Überfülle, um nicht zu sagen: Verschwendung. Was die Sorge um die Reinigung war, wird zur Gottesgabe für das Leben. Was die der Armut unseres Herzens angepaßte Freude war, wird Trunkenheit vor Glück. Gott ist vorübergeschritten, und alles ist neu geworden, unvorstellbar, ein reines

Geschenk. Gott gibt uns immer weitaus mehr, als wir ihn zu bitten gewagt hätten, selbst wenn die Wege, die er einschlägt, nicht immer die gleichen sind, die wir selbst gewählt hätten. *Aus seiner Fülle haben wir alle empfangen, Gnade über Gnade...* (Joh 1,16).

«Dies ist mein Blut» (Lk 22,20)

Der Wein ist auch das Zeichen des Neuen Bundes, den Jesus besiegelt hat, indem er sein Leben dahingab, seinen Leib und sein Blut. Er selbst ist dieser neue Wein, der die alten Schläuche zerreißt (vgl. Mk 2,22), ein Zeichen für das vergossene Blut, für das Opfer der Hingabe. Dieser Wein ist nicht «die Frucht der Erde und der Arbeit des Menschen». Er ist die Frucht des Weinstocks, den der Vater mit so viel Fürsorge umgeben hat. *Was konnte ich noch für meinen Weinberg tun, das ich nicht für ihn tat...?* (Jes 5,4). Dies ist der Wein, den Gott selbst gekeltert hat an einem Tage des Zorns:

> *Warum aber ist dein Gewand so rot,*
> *ist dein Kleid wie das eines Mannes,*
> *der die Kelter tritt?*
> *Ich allein trat die Kelter,*
> *von den Völkern war niemand dabei.*
> *Da zertrat ich sie voll Zorn,*
> *zerstampfte sie in meinem Grimm.*
> *Ihr Blut spritzte auf mein Gewand*
> *und befleckte meine Kleider.*
> *Denn ein Tag der Rache lag mir im Sinn,*
> *und das Jahr der Erlösung war gekommen.*
> (Jes 63, 2-4)

Glückselige Rache Gottes, die das Jahr der Erlösung beschleunigt...! Glückseliger Zorn, der dazu «zwingt», zur Erlösung zu erscheinen. In Kana weiß Jesus, woher der Wein stammt, den er spendet; er ist sich auch sehr wohl dessen bewußt, daß für ihn der Tag kommen wird, wo der Festwein der Menschen vergossenes Blut sein wird, bei einem anderen Fest, für eine andere Hochzeit… Und er scheint zu zögern wegen des Weges, den er einzuschlagen hat. «Sollte meine Stunde gekommen sein?» Maria begibt sich schweigend auf den Weg…

Schauen wir doch der Wirklichkeit offen ins Auge: Der Tag wird kommen, wo die wahre Liebe nichts anderes mehr sein wird als Opfer. Man muß das zu sagen wagen und damit gegen den Strom schwimmen in unserer heutigen Welt. Es handelt sich nicht um Liebe zum Leiden, sondern darum, *bis zum Ende zu lieben,* so wie Jesus am Tage seiner Passion. Die wahre Liebe ist Vergessen seiner selbst, ein Opfer ohne Vorbehalt, eine einmal getroffene Wahl, zu der man bedingungslos steht, eine Selbsthingabe bis zum Ende. So ist die Liebe, mit welcher Gott liebt, und zu einer solchen Liebe beruft er uns in der Ehe.

Die wundervolle orthodoxe Liturgie des Ehesakramentes bezeichnet dies mit dem Ritus der Krönung der Brautleute:

«Die Brautleute empfangen jeder eine Krone. Die Krone ist in der orthodoxen Kirche das Zeichen der Herrlichkeit, der Königsherrschaft des Heiligen Geistes, aber auch ein Zeichen des Martyriums, welches niemals fehlt. Wenn ein Mann und eine Frau durch das Sakrament, das ihnen der Priester spendet, miteinander verbunden werden, wird dieser Ritus sie daran erinnern, daß jeder von ihnen im Dienste der Heiligkeit des anderen steht, und das beinhaltet eine Hingabe des eigenen Ichs, eine Liebe, die immer für den anderen da ist.

«Der Diener Gottes (hier wird der Name des Mannes genannt) empfängt als Krone die Dienerin Gottes (hier folgt der Name der Frau), im Namen des Vaters, des Sohnes und des Heiligen Geistes», spricht der Priester, indem er den Bräutigam krönt.

«Die Dienerin Gottes (hier wird der Name der Frau genannt) empfängt als Krone den Diener Gottes, im Namen des Vaters, des Sohnes und des Heiligen Geistes», spricht der Priester bei der Krönung der Braut.

«So wird jeder im Namen des anderen gekrönt, und dies ist das Zeichen dafür, daß jeder die Märtyrerkrone des anderen sein wird, und daß das Leiden und die Herrlichkeit nicht voneinander getrennt werden dürfen.»

Wenn die Brautleute gekrönt sind, umschreiten sie unter der Führung des Priesters dreimal das Evangelium, um damit kundzutun, daß Christus und sein Evangelium der Mittelpunkt ihres gemeinsamen Lebens sein werden. Das Brautpaar trinkt sodann den Becher des gemeinsamen Lebens, während man singt: «Oh, ihr heiligen Märtyrer, die ihr so tapfer gekämpft habt und jetzt im Himmel Kronen tragt, bittet den Herrn um Errettung unserer Seelen.»

Dadurch wird das Ehepaar — nach den Worte des heiligen Johannes Chrysostomus — eine Kirche im kleinen, dazu geweiht, wie auch die Eucharistie, die «Überfülle der Liebe» des Erlösergottes zu bezeugen (Niminam caritatam, in Eph 2,4).

Es fällt uns schwer, diese Worte anzuhören, denn wir haben solche Angst vor dem Leiden und eine noch größere Angst davor, uns selbst zu verlieren, wenn wir uns rückhaltlos hingeben. Jesus hat es uns aber vorhergesagt: *«Es gibt keine größere Liebe, als wenn einer sein Leben für seine Freunde hingibt»* (Joh 15,13). Und viele von uns können Zeugnis davon ablegen, daß der Ort ihres größten «Opfers» aus Liebe zum anderen der Ort ihrer höchsten Freude, ihrer vollständigsten Entfaltung geworden ist.

Du füllst mir reichlich den Becher (Ps 23,5)

Kana, das ist auch der Ort der Überfülle der Gabe Gottes: Denn er läßt sich nicht an Großmut übertreffen, und — ich wiederhole es — er gibt uns jedesmal mehr, als wir ihn zu bitten wagen. Der gute und im Überfluß gegebene Wein ist *Zeichen des unbegrenzt* — bis zur Trunkenheit — *gegebenen Heiligen Geistes* (s. Joh 3,34).

Die Gabe Gottes im Ehesakrament ist hier in Kana bereits gegenwärtig. Die Jungverheirateten sind sich dessen an diesem Tage wahrscheinlich nicht bewußt geworden... Wem von uns aber — um welches Sakrament es sich auch handeln mag — ist es jemals vollständig zum Bewußtsein gekommen, was er empfängt...? Ein ganzes Leben, mit seinen Mühen und Freuden, der geschenkten und empfangenen Liebe, ist nicht zu lang, um deren ganze Tiefe ermessen zu können.

Die bevorzugte Zeit geistlicher Exerzitien ist uns nicht in erster Linie dazu gegeben, um unser eigenes Ich zu betrachten oder um uns über unser Leben Rechenschaft zu geben, sondern um auf Gott zu hören, der zu uns spricht: «Wenn du wüßtest, mit welcher Gabe ich dich beschenkt habe, und wenn du all die Gaben kennen würdest, mit denen ich dich immer noch überschütte!» Dann werden wir, wie Jesus selbst es getan hat, als er das Paschafest feierte, das große Hallel singen, das große Hallel unserer Geschichte mit Gott, um daraus eine «Eucharistie» zu machen, *ein lebendiges und heiliges Opfer, das Gott gefällt* (Röm 12,1). Ich habe niemals vergessen, was ein Freund, ein Theologe, zu mir sagte, als wir einmal einem sehr alten Ehepaar begegneten: «Wenn man ihnen zuhört, könnte man sagen, daß sie nur oberflächlich miteinander schwatzen... Wenn man aber so denkt, dann versteht man nichts; sie schwatzen nicht, sie zelebrieren...»

Gott erleuchte die Augen eures Herzens, damit ihr versteht, zu welcher Hoffnung ihr durch ihn berufen seid, welchen Reichtum die Herrlichkeit seines Erbes den Heiligen schenkt (Eph 1,18).

4. Das Ehesakrament, Überlegungen und Fragen

Eine Theologie der Ehe ist erst seit relativ kurzer Zeit regelrecht ausgearbeitet worden. Sie eröffnet Wege in die verschiedensten Richtungen, von denen einige kaum erst beschritten worden sind, denn die Empfehlungen sind vielfältig, und — es muß schon gesagt werden — sie scheinen sich manchmal zu widersprechen. Wir wollen nun versuchen, einige von ihnen aufzugreifen, ohne sie zu verallgemeinern; wir wollen vielmehr versuchen, klarer zu sehen, um was es geht.

Die Ehe als Heilmittel gegen die Begierlichkeit

Den Unverheirateten und den Witwen sage ich: Es ist gut, wenn sie so bleiben wie ich. Wenn sie aber nicht enthaltsam leben können, sollen sie heiraten. Es ist besser zu heiraten, als sich in Begierde zu verzehren (1 Kor 7, 8-9).

Wenn ihr nicht fähig seid, euren Körper zu beherrschen, dann heiratet… Paulus spricht hier mit kaum zurückgehaltener schlechter Laune, als er den jungen Witwen diesen Rat gibt, die er beschuldigt, *von Haus zu Haus zu laufen. Aber nicht nur faul werden sie, sondern auch geschwätzig; sie mischen sich in alles ein und reden über Dinge, die sie nichts angehen. Deshalb will ich, daß jüngere Witwen heiraten, Kinder zur Welt bringen, den Haushalt versorgen und dem Gegner keinen Anlaß zu übler Nachrede geben* (1 Tim 5,13). Das ist immerhin ein Standpunkt, den man kaum des Idealismus bezichtigen kann... Die Heirat erscheint hier letztenendes als das geringere Übel, um die Sexualität auszuüben... und die Frauen vor dem Müßiggang zu bewahren!

Man darf nicht glauben, daß diese Motivierung heute hinfällig sei. Gewiß, man spricht kaum noch von einem «Zugeständnis an die Natur», von einem «Verhältnis, das durch nachträgliche Eheschließung in Ordnung gebracht wird» usw. Man versucht aber, die Verflachung in der Ausübung der Sexualität in ein besseres Licht zu setzen, indem man von «Persönlichkeitsentfaltung» spricht, vom «Recht, alle Dimensionen des Daseins auszuleben», «sich von Tabus zu befreien»... Bei Glücksspielen im Fernsehen, bei Wetten, beim Lotto usw., überall wiederholt man uns den Slogan: «Heute spielen wir so, wie man liebt», das heißt, wie der Zufall es mit sich bringt und wie man bei zufälligen Begegnungen gerade Lust hat...!

Gleichzeitig beschuldigt man die jüdisch-christliche Tradition aller möglichen Fehlhaltungen auf diesem Gebiet. Ich bin ziemlich häufig Menschen begegnet, besonders jungen Leuten, die ernstlich der Ansicht sind, daß für die Christen die Freude bei der fleischlichen Vereinigung immer etwas mit der Sünde zu tun hat, eine Sünde, die in der Ehe vielleicht «erlaubt» ist, aber immerhin eine Sünde.

Ich gebe zu, einen gewissen Spaß daran zu haben, einen Text aus dem Deuteronomium zu zitieren, wenn in der Diskussion dieses Thema zur Sprache kommt: *Wenn ein Mann neuvermählt ist, muß er nicht mit dem Heer ausrücken. Man soll auch keine andere Leistung von ihm verlangen. Ein Jahr lang darf er frei von Verpflichtungen zu Hause bleiben und die Frau, die er geheiratet hat, erfreuen* (Dtn 24,5). Befreiung vom Militärdienst unter den Bedingung, seine Frau zu erfreuen, das hätte man wirklich nicht erwartet…! Aber auch das «steht in der Bibel…»

Neu und ohne Zweifel weitaus schwerwiegender ist die öffentlich verkündete und immer alltäglicher werdende Trennung zwischen der Ausübung der Sexualität und der Liebe, ganz zu schweigen von der Ehe. «Sich mal eben lieben», ganz gleich wo, und ganz gleich wie, wird sogar den Jugendlichen und Heranwachsenden als ein elementares Recht hingestellt, als normale Befriedigung eines natürlichen Bedürfnisses, eine Erfahrung, welche zu nichts verpflichtet. Diese Verengung des Horizontes ist tödlich, und das nicht nur wegen der Krankheit Aids. Man beginnt sich indessen allmählich der Tatsache bewußt zu werden, daß diese sogenannten «sexuellen Abreaktionen» die Ursache für «geistliche Verdrängungen» sind, die die Persönlichkeit zerstören; und wie immer in solchen Fällen, sind es die Schwächsten, die dafür bezahlen.

Die Ehe im Hinblick auf die Fruchtbarkeit

In der Tradition der meisten Kulturen, einschließlich des Judentums, besteht das Ziel der Ehe in der Fruchtbarkeit. Man muß Kinder haben, und zwar Kinder in großer Zahl. Die Fruchtbarkeit ist das Zeichen des göttlichen Segens, die Sterilität aber wird als ein Fluch angesehen. Die unfruchtbaren Frauen Israels halten sich für entehrt, fast schuldbeladen. Ich bin mir nicht sicher, ob diese Haltung nicht noch immer im kollektiven Unterbewußtsein existiert…, einschließlich dem der Katholiken, die vor wenigen Jahrzehnten noch die fleischliche Vereinigung lediglich im Hinblick auf die Fruchtbarkeit rechtfertigten.

Von diesem Gesichtspunkt her betrachtet, wird es sich also darum handeln, die Fruchtbarkeit zu erlauben, zu schützen und herbeizuführen. Im Gegensatz zu vielen anderen Kulturen hat es jedoch die jüdisch-christliche Tradition — zumindest im Prinzip — niemals für richtig gehalten, die Ehe, das Vergnügen und die Fruchtbarkeit voneinander zu trennen. Dies ist ihre Einmaligkeit und ihr durch nichts zu ersetzender Reichtum. Versuchen wir also, die Dinge etwas näher zu betrachten.

Wird die Fruchtbarkeit ohne die Lust gesucht, dann kann uns das letztenendes dazu führen, sogar Verstümmelungen im Genitalbereich für angebracht zu halten. Auch heute noch werden Tausende von kleinen Mädchen beschnitten (oder schlimmeres), da sie anderenfalls nicht «heiratsfähig» wären, wie man sagt. Heute noch leben Millionen von Frauen in der Welt, die im Genitalbereich verstümmelt sind, um keine Lust zu empfinden, damit sie dadurch «bessere Mütter» seien und vor der Versuchung der Untreue bewahrt bleiben. Wir können uns mit Recht fragen, was das Schweigen zu bedeuten hat, das diese Praktiken umgibt, ein Schweigen, das man allzu oft zu rechtfertigen sucht mit dem Hinweis auf den Respekt vor andersartigen Kulturen... Sollte das Recht des Menschen auf die körperliche Unversehrtheit für Frauen und Kinder nicht gültig sein?

Sucht man hingegen die Lust ohne die Fruchtbarkeit, so wird damit die Prostitution gerechtfertigt; man hält es für richtig, daß es Frauen gibt, die für die Lust und für die anderen zur Verfügung stehen, und andere, die man sich bewahrt, um sie zu heiraten und Kinder zu haben, wobei man oft weder für die einen noch für die anderen so etwas wie Liebe empfindet. Natürlich, das alles wird nicht so offen ausgesprochen... Ist dieser Typ der «Ehe» heute nur noch in den Boulevard-Theatern zu sehen...? Dafür möchte ich meine Hand nicht ins Feuer legen, selbst wenn man manchmal «die sexuelle Befreiung» unserer Zeit als die Reaktion auf die sogenannte Scheinheiligkeit und Heuchelei — leider existierte sie manchmal wirklich! — der «bürgerlich-katholischen» Ehen des 19. Jahrhunderts rechtfertigt.

Der schon als normal angesehene Gebrauch von empfängnisverhütenden Mitteln ist letztenendes dem gleichen Prinzip zuzuordnen, nämlich der Trennung von Lust und Fruchtbarkeit, um sich der Lust ohne Überraschungen und ohne Risiko versichern zu können; man glaubt es wenigstens, wobei jeder den anderen zu einem immer zur Verfügung stehenden «Objekt» der eigenen Lust herabwürdigt.

Die Kirche verurteilt nicht die kluge Verwaltung der Fruchtbarkeit, sie wünscht sie großmütig, aber den Gegebenheiten entsprechend. Sie verlangt jedoch, daß sie nicht dem Zufall einer Begegnung überlassen sei, auch nicht mit einem Verhütungsmittel, ebensowenig wie dem verantwortungslosen: «Sieh' du selbst zu, ich will es nicht wissen.» Auf diesem Gebiete nämlich «ist die Frau die Leidtragende, und zwar sie allein» (M. D. Nr. 14). Es geschieht zum Schutze der Gattenliebe und der zu erwartenden Kinder, daß die Kirche die fleischliche Vereinigung der Ehe vorbehält. Und wenn sie die «natürlichen» Mittel zur Geburtenregulierung vorschlägt, so geschieht es letztenendes deshalb, weil sie, durch die Beachtung des fraulichen Rhythmus, beide Ehepartner in diesem Bereich zur Verantwortung aufruft, und um die Liebe der Körper von der Liebe der Herzen abhängig sein zu lassen.

Ebenso ist es mit dem, was die Rechtfertigung der Homosexualität betrifft. Glücklicherweise trägt die Kirche der Problematik und der häufigen Notlage der Personen Rechnung. Unter dem Vorwand der «Toleranz» wird jedoch die «theoretische» Homosexualität allzu oft dargestellt als eine legitime Wahl, die Sexualität zu leben, was vom jüdisch-christlichen Standpunkt aus unannehmbar ist.

Das alles sind sehr aktuelle Themen, die leidenschaftliche Reaktionen hervorrufen. Im Laufe der Jahrhunderte hat man der jüdisch-christlichen Tradition, und also auch der Kirche, die Verantwortung für zahlreiche sozial-kulturelle Verhaltensweisen aufgebürdet, die mehr oder weniger gerechtfertigt oder auch nicht gerechtfertigt sind, die aber in jedem Fall nichts mit dem Worte Gottes zu tun haben. Wahr ist aber auch — es muß zugegeben werden —, daß die Kirche nur allzu oft nicht laut genug ihre Stimme erhoben und der Realität auf diesem Gebiet nicht genügend Rechnung getragen hat.

Sollte es nicht an der Zeit sein, hier ein wenig «aufzuräumen» und eine Unterscheidung zu treffen zwischen dem, was wirklich unaufgebbar ist — und das gibt es, wir dürfen es nicht verschweigen —, und dem, was der Tradition entstammt oder lediglich kulturellen Gegebenheiten; mögen diese Dinge auch im Laufe der Jahrhunderte mehr oder weniger «geheiligt» worden sein. Das Konzil hat viele Türen aufgestoßen. Wir sind weit davon entfernt, uns all seine Reichtümer angeeignet zu haben. Die Arbeit des vertieften Nachdenkens bleibt noch zu tun; sie muß im Frieden geschehen, in der Klarheit und Ausgeglichenheit, und diese Arbeit ist dringend. Seien wir Papst Johannes Paul II. dankbar, sie auf sich genommen zu haben.

Vor kurzen hörte ich, wie es in einer Zusammenkunft von Katechisten die gewohnten Kritiken über die Frauenfeindlichkeit der Kirche geradezu regnete, wie man über die «starre» Haltung Roms herzog in dem, was die Frauen betrifft usw. Da habe ich mir die Frage erlaubt, wer von ihnen das Apostolische Schreiben «Mulieris Dignitatem» gelesen hätte. Von den etwa hundert anwesenden Frauen und Priestern haben nur zwei die Hand gehoben. Spaß beiseite, seien wir doch ganz einfach ehrlich... Dieser Text ist kühn und stößt viele Türen auf. Wir haben noch gar nicht angefangen, uns dieses wahren Aufbruchs bewußt zu werden. Die meisten

Medien haben aber nur den einen Satz behalten: «Der Papst verweigert den Frauen das Priestertum», ehe sie das Schreiben endgültig beiseite legten… Unsere «Folgsamkeit» gegenüber den Medien, die uns eine fix und fertig zubereitete «Denkweise» liefern, ist erstaunlich und beunruhigend…

Werden wir in all dem Durcheinander unserer heutigen Zeit der Botschaft der Kirche eine Chance einräumen?

Strengen wir uns zumindest ein ganz klein wenig an, um sie zu verstehen? Nehmen wir sie an, ohne uns von vorn herein gegen sie zu sperren…?

Und vor allem, versuchen wir es, wenigstens einen Anfang zu machen, ihrer Lehre entsprechend zu leben?

Und wenn es dabei um die Zukunft des Menschen ginge…?

Ich meinerseits bin mehr und mehr davon überzeugt, daß die Kirche vielleicht die einzige Institution ist, die sich in solchem Maße einsetzt, um eine «menschliche» Sexualität zu verteidigen, die es ablehnt, in ihr nichts weiter als eine «Paarung» zu sehen, und wäre es auch, um ein Kind zu zeugen, und in noch stärkerem Maße jeden vorübergehenden, sich gerade ergebenden Geschlechtsverkehr. Die Liebe, die Ehe, das ist etwas ganz anderes… es muß laut und deutlich gesagt werden.

Die Ehe als Engagement und als Segen

Dieser Standort ist wahrscheinlich in der modernen Realität des kirchlichen Lebens, wie auch an den Grenzen der Kirche, der am häufigsten anzutreffende, was das Ehesakrament betrifft.

In den meisten Fällen haben diejenigen, die sich in ihrer Pfarrei anmelden, um die Ehe miteinander zu schließen, vorher bereits miteinander gelebt. Dieser «Ehe auf Probe» folgt, wenn die Erfahrung positiv war, der Wille, sich dem anderen gegenüber zu engagieren, sich zu binden, «eine Familie zu gründen», kurz, einen Vertrag zu schließen.

Mit dieser gelebten Erfahrung kommt man zur Kirche, damit sie Zeuge ihres Bundes sei und den Segen Gottes erflehe. Wenn man diese Menschen nun fragt, warum sie diesen Schritt getan haben, besonders, wenn sie sagen, daß sie nicht allzu gläubig seien, dann kommt es nicht selten vor, daß die künftigen Eheleute antworten: «Weil die Kirche die einzige Institution ist, die unsere Liebe ernst nimmt.» Und letztenendes (aber das denken sie nur, ohne es auszusprechen...), ein Segen kann schließlich nicht schaden...! Gott denkt ganz gewiß ebenso und wird ihn ihnen reichlich zukommen lassen, so daß für manche hierdurch der Grundstein gelegt wird für einen echten Aufstieg zu Ihm. Ich denke, daß es jetzt nicht mehr so ist wie früher, wo man wegen der Leute, wegen des sozialen Drucks heiratete, oder «um der Großmutter Freude zu machen». Meistens handelt es sich wirklich um eine religiöse Motivation, vielleicht noch sehr in den Anfängen steckend, aber echt, und sie wären zutiefst verletzt, wenn ein Priester ihnen «die Hochzeit in der Kirche» verweigern würde.

Entspricht ein derartiges Vorgehen jedoch dem spirituellen und theologischen Gehalt des Ehesakramentes?

Man hat uns immer wieder darauf hingewiesen, daß es die Brautleute selbst sind, die sich das Ehesakrament spenden, und zwar durch ihr beiderseitiges Engagement in Gegenwart von kirchlichen Zeugen. Es wird sogar in Erwägung gezogen, daß diese Zeugen «einfache Laien» sein können (und nicht notwendigerweise Priester oder Diakone), wie es bereits bei Begräbnissen üblich ist. Der Unterschied liegt aber darin, daß bei einer Begräbnisfeier ein abgeschlossenes Leben entgegengenommen und gesegnet wird; hier handelt es sich nicht um ein Sakrament Christi, wenn Jesus dort auch sehr gegenwärtig war (Naim, Lazarus...).

Trägt diese Auffassung von der Ehe als Vertrag, als «Engagement der Brautleute und Segen Gottes» wirklich des ganzen sakramentalen Reichtums der Eheschließung Rechnung, besonders, was den «Segen über die Brautleute» betrifft? Jeder Vertrag kann nämlich gebrochen werden, wenn einer der Partner die Regeln nicht respektiert, oder sogar durch einfache Übereinkunft der Partner. Die logische Schlußfolgerung hört sich dann folgendermaßen an: «Als ich mich verpflichtete, wußte ich nicht, was auf mich zukam. Jetzt habe ich mich verändert, der Partner auch. Ich sehe, daß ich mich getäuscht habe. Warum verweigert man mir das Recht auf einen Irrtum und einen anderen Weg einzuschlagen? Gott ist Barmherzigkeit... und die Kirche stößt uns aus... (Man kann tun oder sagen, was man will: die Verweigerung der Eucharistie wird als eine Ausstoßung betrachtet.) Also...?» Wenn man in der Ehe nichts weiter als ein wechselseitiges Engagement der Gatten sieht, selbst wenn das sehr ernst genommen wird, was kann man da wohl zur Antwort geben?

Wir vergessen, daß ein Sakrament, welches immer es auch sei, kein Vertrag ist. Es ist weitaus mehr als eine einfache menschliche Verpflichtung, mag sie auch von einem Segen der Kirche begleitet sein. Ein Sakrament ist zunächst eine Gabe Gottes, die der Freiheit des Menschen angeboten wird, der sie empfängt und sich vornimmt, mit der Hilfe Gottes entsprechend zu leben. Das Engagement des Menschen kommt an zweiter Stelle, womit nicht gesagt wird, daß es von geringerer Bedeutung sei. Es ist die Antwort auf eine Initiative Gottes.

Hier befinden wir uns vor einem Mißverständnis, das unsere Priester vor schwere Gewissensentscheidungen stellt. Wenn junge Leute mit einer gewissen «Vergangenheit» zu ihm kommen, für die sie den Segen Gottes erbitten und bestenfalls bereit sind, ein menschliches Engagement zu wagen, ist ihre Bitte dann wirklich «sakramental»?

Wir haben keine andere als die sakramentale Antwort auf die Bitten jener Christen, die oft kaum im christlichen Glauben unterwiesen und sogar falsch informiert sind. Das Kirchenrecht (Canon 105, § 2) weist auf das Konzil von Trient hin: «Zwischen Getauften kann es keinen gültigen Ehevertrag geben, der nicht durch eben diese Tatsache ein Sakrament ist.»

Die Eheleute empfangen also ein Sakrament, dessen Tragweite sie in den meisten Fällen gar nicht ermessen. Es ist in etwa so, als ob sie um gesegnetes Brot bäten und man ihnen die Eucharistie geben würde: Könnte man sie anschließend beschuldigen, «den Leib Christi nicht unterschieden» zu haben?

Manchmal führt das zu ganz verdrehten Situationen: Ungläubige, die aber getauft sind und damit einen Rechtsanspruch haben, als Diener der Kirche in Aktion zu treten, feiern ein gültiges Sakrament und bekunden vor Zeugen der Kirche, die manchmal selbst kaum gläubig sind, den Glauben an Jesus Christus und das Heil in ihm, und das vor einem «diensthabenden» Priester, der sich dabei ziemlich allein und verloren vorkommt…!

Wie kann dieses Problem gelöst werden? In Japan zum Beispiel, wenn Nicht-Christen darum bitten, kirchlich getraut zu werden, weil es «in der Kirche feierlicher ist»… und weil es gerade der Mode entspricht…?

Ich bilde mir nicht ein, hier eine Antwort bereit zu haben. Man möge mir nur erlauben, eine Richtung aufzuzeigen, in der man suchen muß.

Mehrere Sakramente werden durch ein «Sakramentale» gleichsam «verdoppelt». Das durch die Kirche eingesetzte

Sakramentale bekundet den Segen Gottes über eine menschliche Realität, sogar über Gegenstände (wie zum Beispiel das Brot und das Wasser). Diese Realität bewahrt, um es so auszudrücken, ihre spezifischen Eigenschaften, selbst wenn sie symbolträchtig ist. Das durch Christus eingesetzte «Sakrament» nimmt sich das Objekt, das ein Mensch sein kann, zu eigen, es wird durch dieses geweiht, damit es gleichzeitig das Zeichen und die wirksame Vermittlung einer spirituellen Realität zu sein vermag. So gibt es zum Beispiel «das gesegnete Brot» und die Eucharistie, «das konsekrierte Brot». So ist es bei der Segnung der kleinen Kinder, was nicht die Taufe ist. So ist es bei den zahlreichen «Sakramentalien», die das Versöhnungssakrament begleiten, wie z.B. das Weihwasser oder die Formel der kollektiven Absolution nach dem Schuldbekenntnis der Messe... So ist es bei der Liturgie des Segens und der Aussendung, die von Dienern der Kirche vollzogen werden, die nicht die Priesterweihe empfangen haben...

Hierbei geht es nicht darum, Etappen einzurichten, die zum Ehesakrament hinführen: Das geweihte Brot ist keine Etappe auf dem Weg zur Teilnahme an der Eucharistie. Es handelt sich darum, die Möglichkeit zu finden, einer «frommen» Bitte zu entsprechen, auch wenn sie noch ganz im Anfangsstadium steckt, wenn sie von Getauften ausgesprochen wird, die sich ihrer Taufe noch nicht recht bewußt geworden sind und die kaum als zur Kirche gehörend betrachtet werden können. Ich weiß wohl, daß das nicht einfach ist, gerade deshalb, weil es sich um Getaufte handelt. Wir werden auf die Theologie und die Pastoral der Taufe verwiesen. Es ist aber auch die Dringlichkeit zu erwägen, «die Dringlichkeit der Wahrheit»..., und man möge mir erlauben, hier eine Frage zu stellen, deren ganzer Komplexität ich mir wohl bewußt bin. Könnte man nicht ganz klar unterscheiden zwischen der «Ehe als Vertrag», die den «Sakramentalien» zuzuordnen wäre, und der «Ehe als Sakrament», welche geweiht wäre im Hinblick auf den unauflöslichen Bund Christi mit der Kirche...?

Es scheint mir, daß damit eine sehr wichtige Frage berührt wird, die an unsere Hirten und Theologen zu stellen ist. Einen Weg zu eröffnen, das scheint mir den Vorrang zu haben, sowohl für jene, die in ausweglosen Situationen leben, wie auch, um die Möglichkeit zu haben, dem Sakrament der Ehe seine ganze Dimension zu geben. Bitten wir den Heiligen Geist darum, aus ganzem Herzen, mit unserer ganzen Glaubenskraft!

Die Ehe als Berufung

Stellt die christliche Ehe eine besondere Berufung dar, entspricht sie einem Ruf und einer Gabe Gottes? Erfordert sie eine freie und klar bewußte Antwort derer, die sich hier endgültig engagieren?

Die Frage verdient es, heute gestellt zu werden. Allzu lange hatte es nämlich den Anschein, als ob die Ehe das Los derer sei, die «keine Berufung» hatten, worunter die Berufung zum Priestertum oder zum Ordensstand zu verstehen war. Man sah die Dinge vielleicht zu sehr unter dem allzu engen Gesichtspunkt der «Ehe als Heilmittel gegen die Begierlichkeit», oder nur unter ihrem soziologischen Aspekt, und die Kirche war der einzige Ort, wo eine Ehe offiziell «registriert» wurde.

Dies ist eine heikle Angelegenheit, und man darf nicht allzu rasch darauf eine Antwort bereit haben. In diesem Bereich aber, wie auch sonstwo, ist das Leben schneller, und der «sensus fidelium»[1] geht der Theologie voraus. Ich kenne mehrere junge Ehepaare, die die Ehe wirklich als eine Berufung leben, mit all ihren Anforderungen, ihren Schwierigkeiten und ihrer Gnade. Diese Perspektive hilft ihnen, immer weiter fortzuschreiten.

Es scheint, daß der heilige Paulus ihnen recht gibt. Als er im Hinblick auf das Ende der Zeiten von der Ehe und dem Zölibat spricht, erklärt er:

> *Ich wünschte, alle Menschen wären (unverheiratet) wie ich. Doch jeder hat seine Gnadengabe von Gott, der eine so, der andere so* (1 Kor 7,7).

Das Konzil kommt in «Gaudium et Spes» auf diese Problematik zu sprechen, indem es die Größe der Ehe hervorhebt und auch die Schwierigkeit behandelt: «Um die Pflichten dieser christlichen Berufung beständig zu erfüllen, ist ungewöhnliche Tugend erforderlich. Von daher müssen die Gatten, durch die Gnade zu heiligem Leben gestärkt, Festigkeit in der Liebe, Seelengröße und Opfergeist pflegen und im Gebet erbitten (G. und S. 49,2).

Es ist wahr, daß jede Berufung ihren Ursprung in einem Ruf und «einer besonderen Gnade» Gottes hat. Gott ist es, der Eva gebildet hat, als Adam schlief, und der beide einander gegenübergestellt hat.

Diese grundlegende Realität der Ehe wird mit nicht zu überbietender Klarheit im Wortlaut des Sakramentes ausgedrückt: «Ich empfange dich als Gatten, ich empfange dich als Gattin.» Man sagt nicht: «Ich nehme dich», oder: «Ich erwähle dich», sondern: «Ich empfange dich.» Wie bei jedem Sakrament steht die Gabe Gottes an erster Stelle. Für die Ehe wie für jede andere Berufung, insbesondere im geweihten

---

1 Der Ausdruck «sensus fidelium» will besagen, daß der Heilige Geist auf der ganzen Kirche ruht und nicht nur auf der Hierarchie. Die Aufnahme der Gottesmutter in den Himmel können wir als Bestätigung hierfür ansehen. Das entsprechende Dogma wurde 1950 von der Kirche verkündet, während die Gläubigen dieses Fest bereits seit dem 4. Jahrhundert begehen.

Zölibat, richtet sich der Ruf Gottes an den Menschen und lädt ihn ein, sich in einem Engagement seiner Freiheit ohne Vorbehalt hinzugeben, und ich habe sehr häufig Jugendliche getroffen, die sich gleichsam instinktiv in dieser Perspektive sehen. Von nun an ist ihr Engagement nicht mehr nur eine «menschliche», sondern eine «religiöse» Angelegenheit, in dem Sinne, daß Gott selbst es ist, der sie einander anvertraut, und zwar für immer. Eine Berufung kann man nämlich nicht einfach «aufheben»; sie sind sich dessen wohl bewußt und stimmen ihr zu, und zwar ohne Vorbehalt.

Die Ehe als Konsekration

Das Konzil geht noch weiter und gebraucht zweimal das Wort «Konsekration». Diese Texte aus «Gaudium et Spes» sind von großer Bedeutung, und man muß sie vollständig lesen.

«Diese Liebe, die auf gegenseitige Treue gegründet und in besonderer Weise durch Christi Sakrament *geheiligt* ist, bedeutet unlösliche Treue, die in Glück und Unglück Leib und Seele umfaßt» (G. und S., 49). Ein Kapitel, das der «ehelichen Liebe» geweiht ist.

«Christus, der Herr, hat diese Liebe, die letztlich aus der göttlichen Liebe hervorgeht und nach dem Vorbild seiner Einheit mit der Kirche gebildet ist, unter ihren vielen Hinsichten in reichem Maße gesegnet... So werden die christlichen Gatten in den Pflichten und der Würde ihres Standes durch ein eigenes Sakrament gestärkt und *gleichsam geweiht*. In der Kraft dieses Sakramentes erfüllen sie ihre Aufgabe in Ehe und Familie. Im Geist Christi, durch den ihr ganzes Leben mit Glaube, Hoffnung und Liebe durchdrungen wird, gelangen sie mehr und mehr zu ihrer eigenen Vervollkommnung, zur gegenseitigen Heiligung und so gemeinsam zur Verherrlichung Gottes (G. und S. 48, § 2).

Hier befinden wir uns vor einer ganz wesentlichen Weiterentwicklung der Lehre über die Ehe, und wir haben noch längst nicht alle pastoralen und spirituellen Konsequenzen daraus gezogen.

Weihe, Konsekration, wofür...?

Alles wird uns im fünften Kapitel des Briefes an die Epheser gesagt, in diesem berühmten Kapitel, von dem man nichts anderes behalten hat als diesen einen Satz: *Die Frauen sollen sich in allem ihren Männern unterordnen!* Der Abschnitt beginnt aber mit den Worten: *Einer ordne sich dem anderen unter in der gemeinsamen Ehrfurcht vor Christus.* Ich werde noch im einzelnen darüber sprechen. Für den Augenblick wollen wir das Wesentliche hervorheben: Das Ehesakrament ist in der ganzen Fülle seiner Realität darauf ausgerichtet, hier auf Erden die Liebe Christi zur Kirche und der Kirche zu Christus zu bekunden, und zwar in der vollständigen und endgültigen Hingabe des einen an den anderen. *Dies ist ein tiefes Geheimnis; ich beziehe es auf Christus und die Kirche* (Eph 5,32). Um dieses «tiefe Geheimnis» darzustellen, das heißt, um es heute sichtbar werden zu lassen, dazu weiht uns das Ehesakrament in allen Bereichen unserer Menschheit, einschließlich der Sexualität.

Wenn die Ehe in dieser Weise betrachtet wird, so ist sie für uns ein Weg der Einführung in das Mysterium des Gottesreiches, das heißt, in ein hochzeitliches Mysterium, das der unauflöslichen Vereinigung Christi mit einem jeden von uns und mit uns allen zusammen. Es handelt sich nicht um irgendeine kosmische Verschmelzung oder darum, sich selbst zu verlieren, sondern um eine Gemeinschaft, die uns das Leben in Fülle schenkt. Wir alle, Männer und Frauen, sind nämlich dazu berufen, *Gott zu erkennen, mit den erleuchteten Augen des Herzens* (Eph 1,18), und ihn mit echter Liebe zu lieben. Wir alle sind dazu berufen, *zu dieser Hochzeit des*

Lammes zu kommen, wo die Agape Gottes, die «irrsinnige Liebe» Gottes zu seiner Kirche, zu jedem von uns, sich vollenden wird. Die Geweihten nehmen dieses Mysterium schon auf Erden vorweg, die Verheirateten bereiten den Weg, jenen Weg, auf dem man die wirkliche Liebe lernt, die wir auf dem Grunde unseres Herzens ersehnen, und für die wir geschaffen sind: Eine Liebe in der vollständigen Hingabe seiner selbst, in all den kleinen Dingen des täglichen Lebens, eine Liebe «für immer», in einer unwiderruflichen Treue, weil sie ein Bild der Liebe Gottes ist.

Ja wirklich, dieses Sakrament ist etwas Großes!

Dies ist es, wozu uns die Zustimmung zur «Konsekration», zur Weihe der Liebe im Ehesakrament führt. Es ist kein leichter Weg, und ein ganzes Leben ist nicht zu lang, um ein wenig besser den Einsatz und die Gnade zu erkennen.

Beten wir viel zum Heiligen Geist, *der alle Dinge zu erneuern weiß,* daß er die Kirche in der Person ihrer Hirten und ihrer Theologen führen möge, ebenso aber auch im ärmsten und demütigsten Ehepaar, hin zum Lichte, zur Wahrheit, zur Barmherzigkeit Christi.

5. Maria und Josef von Nazareth

Wenn die Tradition der katholischen und orthodoxen Kirche über die beständige Jungfräulichkeit Mariens wahr ist, kann man dann sagen, daß Maria und Josef ein «wirkliches» Ehepaar und ihre Ehe eine wirkliche Ehe war? Besteht da nicht so etwas wie ein Widerspruch, wenn man sie uns heute als Beispiel vor Augen stellt, nachdem wir über die Gnade der Ehe meditiert haben und besonders über die Rolle der fleischlichen Vereinigung im Leben eines Ehepaares...? Wenden wir unsere Blicke diesem verlobten Paare zu, dem ein solch wundervolles Abenteuer widerfährt.

Das Evangelium des heiligen Matthäus sagt uns, daß Josef, als er von der Schwangerschaft Mariens erfuhr, zutiefst verwirrt war und den Plan faßte, *sich in aller Stille von ihr zu trennen... Da erschien ihm der Engel des Herrn im Traum und sagte: «Fürchte dich nicht, Maria als deine Frau zu dir zu nehmen»* (Mt 1,20).

Gott ist es, der dem Josef Maria gibt. Den anderen als eine Gabe von Gott zu empfangen, das ist der erste und grundlegende Schritt im Ehesakrament. «Ich empfange dich als Gatten..., ich empfange dich als Gattin», in einem freien, aber unwiderruflichen und bedingungslosen Bund.

Maria und Josef erkennen einander in der ihnen jeweils eigenen Berufung. Josef respektiert den Ruf, der das ganze

Leben Mariens erfüllen wird, da sie die Mutter des Erlösers werden soll; und Maria respektiert den Ruf, der an Josef ergangen ist, um der Hirte der Familie und der Nährvater Jesus zu sein. Ebenso ruft Gott, der uns einander gegeben hat, auch uns, täglich dieser Gabe entsprechend zu leben, damit jeder von uns mit der Hilfe des anderen sich selbst in der ihm eigenen Berufung vollenden kann. Ein Leben in der Ehe beinhaltet immer eine große Ehrfurcht voreinander.

Der Bund zwischen Maria und Josef ist ein Bund des gegenseitigen Beistandes in Zärtlichkeit, Liebe und Treue, *um Sorge füreinander zu tragen* (vgl. Eph 5,29). Die Ehe ist das Zeichen der Liebe Gottes zu seiner Braut, der Kirche, eine Liebe, die so weit geht, das eigene Leben hinzugeben, um den anderen zu retten. So «rettet» Josef Maria vor der Verleumdung, er rettet sie vor den Soldaten des Herodes, und er begleitet sie bei der Suche nach Jesus, als sie ihn verloren hatten. In jeder unserer Ehen ist dieser Bund des gegenseitigen Beistandes in Zärtlichkeit, Liebe und Treue ein wesentlicher Teil des Sakramentes, und dieser Bund hat für immer Bestand, denn Gott nimmt seine Gaben nicht zurück.

Was das Gefühlsleben und die fleischliche Vereinigung Josefs und Mariens betrifft, so ist das eine Fiktion der Exegese (... relève d'exégèse-fiction). Die Tradition unserer Kirche, die sich auf die Antwort Mariens an den Engel Gabriel stützt, als dieser ihr verkündet, daß Gott sie zur Mutter seines Sohnes auserwählt hat, lehrt uns, daß sie in vollständiger Enthaltsamkeit gelebt haben.

Dies erlaubt es, die fleischliche Vereinigung auf den ihr zukommenden Platz zu verweisen. Sie ist eine der Ausdrucksformen — sicherlich eine privilegierte — der ehelichen Liebe, und eben dadurch Trägerin des Lebens. Ein Mann und eine Frau, die sich in der ehelichen Liebe vereinigen, erfreuen das Herz Gottes und erfüllen seinen Willen. Die fleischliche Vereinigung steht aber im Dienste der Liebe und der geschwisterlichen Gemeinschaft der Herzen und hängt von ihnen ab. Sie ist nur für diese Welt gegeben (s. Lk 20, 27-40), während die geschwisterliche Gemeinschaft der Herzen für die ganze Ewigkeit bleibt.

Daher sind Maria und Josef schon hier auf Erden ein eschatologisches Ehepaar, das heißt, ein Zeichen für das, was das Ehepaar im zukünftigen Gottesreich sein wird: so werden unsere Ehepaare sein, wenn wir in der Herrlichkeit umgewandelt worden sind, wenn unsere auferstandenen Leiber nicht mehr diese Ausdrucksweise nötig haben werden, um die Liebe, die uns vereint, zum Ausdruck zu bringen, und wenn die menschliche Fruchtbarkeit nicht mehr erforderlich sein wird, da dann die Zahl der Auserwählten vollständig ist.

Maria und Josef, die sich dem Mysterium der Geburt Jesu gegenübergestellt sehen, lehren uns, daß jede Fruchtbarkeit zunächst von Gott kommt, daß jedes Kind eine Gabe Gottes ist, selbst wenn es bei uns der Fall ist, daß wir es durch die Vermittlung von Naturgesetzen empfangen. Man «macht» nicht ein Kind, wie man sich heute auszudrücken pflegt. Jedes Kind ist dazu bestimmt, ein Gotteskind zu werden, es ist einmalig und von Gott «erwählt» (Eph 1,4). Jedes Kind, auch das noch ganz kleine, ist ein Mysterium, dem wir Respekt entgegenzubringen haben. Wir werden niemals das tiefste Geheimnis der Wesen zu ergründen vermögen, und wir müssen sie hierin respektieren. Maria und Josef haben das auf schmerzvolle Weise erfahren, als sie Jesus suchten, der in Jerusalem geblieben war.

Josef und Maria lehren uns das ganze Ausmaß der Fruchtbarkeit. Das betrifft ganz besonders jene, die im Zölibat geweiht sind. Es geht nicht darum, zu sagen: «Wozu soll das nützlich sein?» Es handelt sich in erster Linie darum, der unverwarteten, von Gott geschenkten Fruchtbarkeit ausgeliefert zu sein (s. Jes 49,21 ff. und 54,1 ff.), es zu lernen, von der sichtbaren Realität der Fruchtbarkeit ausgehend, weiterzuschreiten zu einer oft unsichtbaren Fruchtbarkeit (zum Beispiel im priesterlichen Dienst).

Maria trägt als Mutter Sorge um den Leib Christi; Josef lehrt ihn das Handwerk des Zimmermanns: Vater und Mutter können nicht einfach ausgewechselt werden. Ein Kind kann nur dann heranreifen, wenn es sowohl die spezifisch väterliche wie auch die spezifisch mütterliche Liebe erfährt. Maria ist nicht die «Leihmutter» des Gottessohnes, sondern seine wahre Mutter dem Fleische nach. Josef ist auf Grund göttlichen Auftrags der Vater Jesus, derjenige, der ihn bei seinem Namen nennt, denn die Vaterschaft ist zunächst spirituell. Vaterschaft und Mutterschaft ist wesentlich mehr als die Produktion von Eizelle und Sperma. Sie wird ausgeübt in allem, was die Person des Kindes betrifft.

So betrachte ich in der Ehe von Maria und Josef, die ihren Standort jenseits der fleischlichen Vereinigung hat und die gleichzeitig inmitten der einfachsten Dinge des alltäglichen Lebens gelebt wird, gleichzeitig die heutige Realität und die Zukunft unserer Ehen, das «Alles ist vollbracht» der Erlösung für einen jeden von uns, aber auch für die menschlichen Realitäten dieser Welt. Das Heil Mariens war, durch Antizipation des Mysteriums Jesu, des Erlösers, bereits in ihrer Unbefleckten Empfängnis «vollendet». So ist auch unsere eheliche Liebe bereits «vollendet» in dem Abenteuer dieses unbekannten Ehepaares, das sich in der Alltäglichkeit des Lebens in Nazareth nicht dem Rufe Gottes entzogen hat und es wagte, Ihm in bedingungslosem Glauben «Ja» zu sagen.

Das dem Evangelium entsprechende Leben des Ehepaares

Ahmt Gott nach als seine geliebten Kinder, und liebt einander, weil auch Christus uns geliebt und sich für uns hingegeben hat (Eph 5,1).

1. Die allgemeine Berufung zur Heiligkeit

Ihr sollt heilig sein

Nur der Heilige Geist kann uns zu Kindern Gottes machen. Bei unserer Taufe und unserer Firmung ist er uns überreich gegeben worden, *ohne Maß,* sagt uns der heilige Paulus. Haben wir ihn aber in uns aufgenommen?

Wir müssen immer wieder auf das erste Kapitel des Epheser-Briefes zurückkommen: *In ihm hat er uns erwählt vor der Erschaffung der Welt, damit wir heilig und untadelig leben vor Gott... aus Liebe.* Wir sind zur Heiligkeit berufen, von Natur aus, um es so auszudrücken, und wir haben keine andere Wahl.

Wir sind dazu berufen, zum Bilde Gottes zu werden und fortzuschreiten *von Ähnlichkeit zu Ähnlichkeit.* Und Paulus sagt uns nichts anderes:

> *Wir alle spiegeln mit enthülltem Angesicht die Herrlichkeit des Herrn wider und werden so in sein eigenes Bild verwandelt, von Herrlichkeit zu Herrlichkeit, durch den Geist des Herrn* (2 Kor 3,18).

Das alles ist ganz klar ausgesprochen, und wir können uns nicht hinter einer falschen Demut verschanzen, die uns sagen läßt: «Die Heiligkeit, das ist nichts für mich.» Wahrlich ein guter Vorwand, um uns vor Gott zu schützen und das dem Evangelium entsprechende Leben mit seinen Forderungen den im spirituellen Leben Überbegabten oder den außergewöhnlichen Mystikern zu überlassen! Theresia von Lisieux hat der Kirche diesen unermeßlichen Dienst erwiesen, uns wiederentdecken zu lassen, daß wir Kinder und Erben Gottes sind und uns zu zeigen, daß das dem Evangelium entsprechende Leben sich in all den kleinen Dingen des alltäglichen Lebens vollzieht. Die Heiligkeit besteht nämlich nicht darin, auf heroische Weise großartige Dinge zu vollbringen oder mit großer Anstrengung die Vollkommenheit eines Ideals zu erreichen. Es handelt sich vielmehr darum, alle Dinge, seien sie groß oder klein, mit Liebe zu verrichten. Die Ehe ist ein bevorzugter Weg dazu, denn sie hilft uns, die geringfügigsten Dinge des täglichen Lebens mit Liebe zu erfüllen.

Ich gebe euch ein Herz von Fleisch (Ez 36,26)

Die Heiligkeit beginnt mit der Bekehrung des Herzens, denn das Herz ist es, aus dem die guten und bösen Gedanken entstehen (vgl. Mt 18-19). Verwechseln wir nicht das «Herz» im biblischen Sinne mit dem, was das Gefühlsleben betrifft. In der Heiligen Schrift ist das Herz der Ort in uns, wo Gott seine Wohnstätte hat, Er, der innerlicher ist als wir selbst es uns sind. Dies ist der Ort, wo Gott den Menschen erwartet, um ihm dort zu begegnen, hier will er Mahl mit uns halten und uns sein Antlitz enthüllen (vgl. Offb 3,20).

Wir können vollkommen das Gesetz beobachten —, wenn unser Herz «unbeschnitten», das heißt, nicht Gott geweiht ist, dann bleiben wir außerhalb von uns selbst. Nur der Heilige Geist schenkt uns *die erleuchteten Augen des Herzens* (vgl. Eph 1,18), die es uns ermöglichen, Gott wirklich als «Abba» zu erkennen, als geliebten Vater, und Jesus als «Herrn» und Erlöser unseres Lebens. Im Heiligen Geist, *der allein die*

2. Die geschwisterliche Gemeinschaft

Seid einander in brüderlicher Liebe zugetan (Röm 12,10)

Dies ist die Herzmitte jeder dem Evangelium entsprechenden menschlichen Beziehung, einschließlich des ehelichen Lebens, und das ihre Einmaligkeit.

Die erste Liebe zwischen dem Mann und der Frau, die lebend aus den Händen des Schöpfers hervorgegangen sind, war geschwisterlicher Art. Wir haben einander als Brüder und Schwestern wahrzunehmen und anzunehmen, als «der gleichen Rasse angehörend», da wir in gleicher Weise Kinder des Vaters sind, Mitglieder der gleichen Familie, der Familie Gottes, entsprechend den kraftvollen Worten des heiligen Paulus an die Epheser: *Ihr seid also jetzt nicht mehr Fremde ohne Bürgerrecht, sondern Mitbürger der Heiligen und Hausgenossen Gottes* (Eph 2,19). Wenn wir dem nicht zustimmen, und zwar nicht nur theoretisch, sondern in der Praxis und ganz konkret, dann leugnen wir letztenendes die Vaterschaft Gottes, das heißt, die Herzmitte unseres Glaubens.

Daher sind wir zunächst «Brüder und Schwestern»: unter Eheleuten, Eltern und Kindern, Männern und Frauen, und — vergessen wir es doch nie — Armen und Reichen; *Menschen aus allen Stämmen und Sprachen, aus allen Nationen und*

Völkern (Offb 5,9). Wenn man sich dieser Realität wirklich bewußt wird, dann begründet man damit die grundlegende Einheit unter allen Menschen, da jeder auf einmalige Weise *nach dem Bilde Gottes* geschaffen worden ist und «um seiner selbst willen durch den Schöpfergott gewollt wurde» (M.D. 7). Von dieser Tatsache ausgehend, können alle Verschiedenheiten ihre Ausdrucksform finden, denn jeder erhält seine ihm eigene Gnade, um sie in den Dienst aller zu stellen, im Hinblick auf das gemeinsame Wohl. Wenn wir anerkennen, daß Gott ein Vater ist, dann werden wir damit gleichzeitig dazu aufgerufen, einander in Ehrfurcht und wechselseitiger Liebe zu begegnen.

Diese Botschaft hat aber im täglichen leben noch längst nicht Gestalt angenommen; allzu oft befindet sie sich noch im Stadium einer großzügigen Utopie: Beim Kräftespiel auf der Suche nach der Macht zwingen die Stärkeren den anderen ihren Willen auf, ganz gleich, ob es sich um die Frauen, die Kinder oder die Sklaven handelt... So sieht sich die Menschheit in zwei Lager gespalten: Auf der einen Seite sind die, «die dazu geschaffen sind, zu herrschen», und auf der anderen Seite die, «die dazu geschaffen sind, sich zu unterwerfen». Da sind diejenigen, die nicht wissen, was sie mit all ihrem Geld anfangen sollen, und die anderen, die vor Hunger sterben... Ich bin mir nicht sicher, ob sich nicht hinter vielen schönen Worten und großmütigen Erklärungen diese ganz elementaren Kategorien verbergen, die sich in unserem Unterbewußtsein befinden, besonders dann, wenn wir uns auf der angenehmen Seite der Schranke befinden.

Es ist indessen bezeichnend zu sehen, wie die Briefe der Apostel sich ständig darum bemühen, nicht nur die Rechte der einen und die Pflichten der anderen aufzuzeigen, sondern auch die Rechte der anderen und die Pflichten der einen. Da heißt es zum Beispiel: *Ihr Kinder, gehorcht euren Eltern, wie es* machen? Die dem anderen gelassene Freiheit ist keine zum System erhobene Gleichgültigkeit.

Demut, Sanftmut, Geduld

Das sind Worte und Verhaltensweisen, die nur allzu oft «unter den Tisch gekehrt werden». Ja, schlimmer noch, sie werden oft sogar als das Gegenteil von Werten, als negative Werte, als Zeichen der Schwäche, der Vernichtung angesehen, als dem Recht eines jeden auf seine eigene Entfaltung entgegengesetzt.

Wenn aber hierin die vergessenen Quellen zu suchen wären, die Tag für Tag die Liebe unserer Ehepaare neu zu beleben vermögen...? Nicht wie eine kraftvoll sprudelnde Quelle, sondern wie ein unterirdischer Quell, der lautlos den Boden einer Wüste durchtränkt, so daß nach und nach die Wüste zu blühen beginnt. In den ganz kleinen Dingen des täglichen Lebens haben wir nämlich die Liebe zu leben. Tag für Tag habe ich in mir die Haltung der Liebe zu erzeugen, im Umgang mit meiner Familie, meinem Mann, meiner Frau und mit Gott. Unser Leben besteht nicht aus Ekstasen, weder im Kloster noch in der Familie.

So lädt uns die mitleidsvolle Zärtlichkeit dazu ein, Tag für Tag sowohl in der Ehe wie auch in der Familie den ganz konkreten Anforderungen entsprechend zu leben. Die Briefe der Apostel tragen keine Bedenken, hier in die Einzelheiten zu gehen.

Ertraget einander... Paulus ist Realist. Er sagt nicht als erstes: «Liebet einander», sondern: *«Ertraget euch.»* Ebensowenig sagt er: «Die einen sollen die anderen ertragen», sondern: «Ertraget einander...» Wenn der Herr mich so erträgt, wie ich bin, in seiner großen Geduld mir gegenüber, dann ist es nicht mehr als recht und billig, daß ich mir Mühe gebe, diesen oder jenen meiner Brüder so zu ertragen, wie er ist...

Männer, liebt eure Frauen, und seid nicht aufgebracht gegen sie (Kol 3,19). Wieviele Frauen gibt es, die sagen: «Er meckert die ganze Zeit!» … Und wieviele Männer sagen: «Sie ist niemals zufrieden!»

Ebenso sollt ihr Männer im Umgang mit euren Frauen rücksichtsvoll sein, denn sie sind der schwächere Teil (1 Petr 3.7). «Schwach» bedeutet nicht «energielos». Unsere Schwachheiten sind die Kehrseite der jedem von uns eigenen Gnade. Die Frau ist an einen zeitlichen Rhythmus gebunden, der Mann jedoch nicht. Daher vermag er manchmal nur schwer zu verstehen, daß es ihr an gewissen Tagen im Monat schwerer fällt, mit Spannungen und Schwierigkeiten fertig zu werden. Der Mann ist leicht geneigt zu sagen: «Du bist allzu kompliziert…», und die Frau: «Er versteht mich nicht…» Es ist aber nicht unangebracht hinzuzufügen, daß auch die Frau die Schwächen ihres Mannes respektieren und ihm das Recht zugestehen muß, der zu sein, der er ist, ohne daß sie ihm ständig Vorwürfe macht.

Jeder achte nicht nur auf das eigene Wohl, sondern auch auf das der anderen… (Phil 2,4). Klassische häusliche Szene: Der Mann kommt nach Hause, wirft seinen Regenmantel und seine Aktentasche irgendwohin und explodiert: «Was war das für ein Tag! Die Sekretärin ist krank, der Chef war schlecht gelaunt, die U-Bahn hat gestreikt… Na ja! Was gibt es zum Abendessen? Was, du bist noch nicht fertig? Was hast du denn bloß den ganzen Tag gemacht…?» Die Frau: «Du bildest dir ein, ich hätte den ganzen Tag nichts getan…? Die Waschmaschine ist kaputt; sie wartet darauf, daß du sie reparierst. Und dein Sohn hat schon wieder eine schlechte Note in Mathematik nachhause gebracht. Du solltest dich ein wenig um ihn kümmern… Aber der gnädige Herr lebt ja hier wie im Hotel…» usw. Und damit fängt dann der Streit an. Umgekehrte Szene, mit den gleichen Akteuren: «Guten Abend, mein Liebling! Wie geht es dir?» — «Und wie geht es dir?» — «Ach, die kleinen Schwierigkeiten im Büro, wie gewohnt... Aber du? — Ach, die Waschmaschine ist kaputt... — Ich will mich darum kümmern...» — «Aber das eilt doch nicht, essen wir doch zuerst einmal in Ruhe zu Abend, und dann ruh' dich zunächst ein wenig aus...» usw.

Tut alles ohne Murren und Bedenken... (Phil 2,14). Es ist uns schon regelrecht zur Gewohnheit geworden, zu meckern und zu schimpfen. Wie mir ein Freund aus dem Ausland sagte: «Das ist ein Bestandteil der französischen Kultur, und ihr seid auch noch stolz darauf...» Die Gewohnheit, zu jammern und zu klagen... Die Gewohnheit, von vorneherein allem zu widersprechen, was uns vorgeschlagen wird, besonders wenn es von einer mehr oder weniger offiziellen «Autorität» ausgeht, das ist dann für den Bürger die Regierung, für den Arbeiter der Chef, für den Chef die Gewerkschaft, für den Studenten der Professor, für die Frau der Ehemann, für den Pfarrer der Bischof, für den Katholiken der Papst; und die Liste könnte noch fortgesetzt werden... Manchmal wirkt es lächerlich, wie bei Don Quichotte, der sich mit den Flügeln der Windmühle schlug. Manche behaupten zwar, der Widerspruch sei das einzige Mittel, um in den menschlichen Beziehungen Fortschritte zu erreichen. Davon bin ich nicht überzeugt, ich weiß aber, daß in einem Klima ständigen Widerspruchgeistes ein Ehepaar schnell und sicher auseinandergetrieben wird.

In seinem ersten Brief gibt der heilige Petrus, der ja verheiratet war, eine ganze Reihe von Ratschlägen über die Führung des ehelichen Lebens. Er schließt mit den Worten: *Ihr Männer..., ehrt sie* (die Frauen), *denn auch sie sind Erben der Gnade des Lebens* (1 Petr 3,7).

Ich erinnere mich, bei einem Einkehrtag für Ehepaare diesen Text zitiert zu haben. Ich hatte mit Nachdruck auf die gegenseitige Ehrfurcht hingewiesen, die für jedes harmonische Familienleben unerläßlich ist. Ein wenig später war ich einem Mann begegnet, der an diesem Einkehrtag teilgenommen hatte, und der mir mit köstlichen Worten die Früchte schilderte, die dieser Text in sein Heim gebracht hatte: «Meine Frau hatte mich veranlaßt, zu diesem Einkehrtag mitzukommen, aber ich sagte mir: "Auf jeden Fall, nachdem wir nun 35 Jahre verheiratet sind, wird sie sich niemals mehr ändern." Dann hatten mich die Worte des Apostels Petrus getroffen: *Gebt eurer Frau die ihr geschuldete Ehre...* Und ich sagte mir, daß in der Tat weder ich noch meine Söhne (sie hatten einen kleinen Familienbetrieb) die Arbeit meiner Frau gewürdigt hatten: Wir pflegten am Abend das Haus zu betreten, ohne uns die Schuhe abzustreifen, auch wenn sie gerade die Küche geputzt hatte. Meine Söhne redeten grob mit ihr, und ich sagte nichts. Sie nahmen aus dem Kühlschrank, was ihnen gerade gefiel, und meine Frau jammerte nachher: "Wo ist der Schinken hingekommen, den ich für das Abendessen vorgesehen hatte?" Wir beachteten sie überhaupt nicht. An jenem Abend aber, als ich vom Einkehrtag zurückkam, sagte ich zu meinen Söhnen: "Ich will nicht, daß ihr so mit eurer Mutter sprecht. So kann das nicht weitergehen. Und außerdem: Von jetzt an achtet ihr darauf, euch die Schuhe abzustreifen, und ihr holt euch nicht länger alles mögliche aus dem Kühlschrank heraus..." Sie haben mir geantwortet: "Papa, was ist denn los mit dir heute abend?" Ich habe ihnen gesagt: "Ja, so soll es von jetzt an sein. Ich will nicht, daß ihr noch länger eure Mutter ohne jede Ehrfurcht behandelt. Verstanden?"... Seit drei Monaten achten wir nun darauf, und was glauben Sie wohl, wie sehr sie sich verändert hat!»

Petrus aber, in der Hoffnung, daß ihr Verhalten den Ehegatten zum Glauben bekehren würde, verlangt von der Frau: *Nicht auf äußeren Schmuck sollt ihr Wert legen..., sondern was im Herzen verborgen ist, das sei euer unvergänglicher Schmuck: ein sanftes und ruhiges Wesen* (1 Petr 3, 3-4). Diese Worte sind von großer Wichtigkeit bei der Meditation über «die Gnade, eine Frau zu sein», in der Welt und ganz besonders in der Ehe. Die Frau nach dem Evangelium ist eine starke Frau, *stark in der Wahrheit und in der Treue.* Petrus spricht hier zu den künftigen Märtyrerinnen. In dem Apostolischen Schreiben «Mulieres Dignitatem» hat Papst Johannes Paul II. den Mut, zu sagen: «Die Frau ist stark im Bewußtsein dessen, was ihr anvertraut ist, stark durch die Tatsache, daß Gott ihr immer und auf irgendeine Weise den Mann anvertraut, selbst in Lebensbedingungen sozialer Diskriminierung, in denen sie sich befinden kann» (M. D. 30). Es geschieht im Inneren des Herzens, und zwar eines aufrechten und mutigen Herzens, daß die Sanftmut und der Friede ihren Ursprung nehmen. Furcht und Angst erzeugen Gewalt, das ist allgemein bekannt. Den Frieden zu stiften, die Gewalt zu entwaffnen, das ist ein Teil des der Frau eigenen Charismas, wie es dem Evangelium entspricht, und das Heim ist der Ort, wo es sich zuerst auszuwirken hat.

Vergebt einander, wenn einer dem anderen etwas vorzuwerfen hat; wie der Herr euch vergeben hat, so vergebt auch ihr (Kol 3,13 ff.)

Die unmittelbare Frucht der mitleidsvollen Zärtlichkeit ist die Barmherzigkeit und die gegenseitige Verzeihung. Nichts Positives kann in einer Ehe aufgebaut werden ohne den festen Entschluß, die Barmherzigkeit walten zu lassen, um die Verzeihung des anderen zu erbitten, anzubieten und entgegenzunehmen. Ich möchte hier nur auf einige Punkte hinweisen, die mir besonders wichtig erscheinen.

Die dem Evangelium entsprechende Verzeihung stellt keine Bedingungen. Gewiß, ich bin leicht bereit, mich großmütig zu geben, wenn der andere die Güte zu haben geruht, daß ich recht habe... Im Evangelium handelt es sich aber nicht darum, recht zu haben. Man bittet einander um Verzeihung, weil man einander wehe getan hat, ganz gleich, ob man recht hatte oder nicht. Ich habe oft das Zeugnis jenes Familienvaters zitiert, dessen Tochter das Haus verlassen hatte, um mit einem «Freund» zu leben. Sie hatte nach einer heftigen Auseinandersetzung mit ihrem Vater die Türe zugeschlagen und war fortgegangen. Ein paar Tage später war der Vater zu dem jungen Paar hingegangen: «Du weißt, daß ich nicht einverstanden bin mit dem, was du tust, aber ich habe dir wehe getan mit meinen harten und heftigen Worten. Ich bin gekommen, um dich um Verzeihung zu bitten.» Welchen Mut und welche Demut hatte er damit bewiesen! Die Verzeihung aber ist ansteckend, denn nun bat die Tochter ihrerseits um Verzeihung für ihre eigene Heftigkeit. Und in der allgemeinen Versöhnung begannen die Standpunkte sich einander anzunähern, und das Gespräch wurde wieder aufgenommen.

Die Sonne soll über eurem Zorn nicht untergehen (Eph 4,25), sagt uns der heilige Paulus. Die Versöhnung in der Ehe muß schnell geschehen, sonst könnten die Beziehungen vergiftet werden. Oft ist es aber auch gut, eine Sache auf sich beruhen zu lassen. Es ist dies eine Frage der Klugheit und der rechten Unterscheidungsgabe.

Weitaus schwieriger ist es aber oft, nicht nur das Böse zu verzeihen, das wir einander angetan haben, sondern dem anderen zu verzeihen, daß er so ist und nicht anders. Den anderen zu akzeptieren, so wie er ist, und nicht so, wie wir ihn uns wünschen, das ist der einzige Weg zu einer dem Evangelium entsprechenden geschwisterlichen Beziehung, und das gilt in noch stärkerem Maße in der Ehe.

Man muß aber bis in die Tiefe vorstoßen: Wir müssen verzeihen, weil Gott uns verziehen hat und weil wir Kinder unseres Vaters sind, *der seine Sonne aufgehen läßt über Bösen und Guten* (Mt 5,45). Er verzeiht uns immer, wenn wir aus ganzem Herzen zu ihm zurückkehren. Wir haben ohne Kommentar das Gleiche zu tun. Dann werden wir in unserem tiefsten Inneren eine unsagbare Freude empfinden, so etwas wie eine Explosion von Freiheit, wie es jedesmal geschieht, wenn wir das Gotteskind in uns handeln und leben lassen.

> *... Vor allem aber liebt einander, denn die Liebe ist das Band, das alles zusammenhält und vollkommen macht. In eurem Herzen herrsche der Friede Christi; dazu seid ihr berufen als Glieder des einen Leibes...* (Kol 3,15 ff.).

Das alles sind ganz konkrete Fragen, die wir uns stellen müssen, wenn wir wollen, daß unser Leben in Ehe und Familie dem Evangelium entspricht. Bleiben wir dabei aber auf dem Boden der Tatsachen! Das ist im täglichen Leben nicht leicht; die dem Evangelium entsprechende Liebe stellt hohe Anforderungen. Gott aber ist getreu, es ist ein Weg des Glükkes, denn es ist ein Weg der Liebe, und wir sind geschaffen, um zu lieben. Der Herr wird uns begleiten, wie er die Pilger von Emmaus am Abend des Ostertages begleitet hat. Er hat ihnen geholfen, die Ereignisse im Lichte des Wortes Gottes neu zu sehen. Er hat ihre Entmutigung von ihnen genommen, er ist mit ihnen gegangen, ohne daß sie ihn erkannten. Er hat sich mit ihnen zu Tisch gesetzt und hat ihnen das Brot gebrochen. Das Gleiche will er bei jedem unserer Ehepaare tun. An uns liegt es nun, ihn zu unserem Tisch einzuladen, *wenn es Abend wird und der Tag sich neigt* (s. Lk 24,29). Dann werden auch wir bemerken, daß unsere Herzen wieder brennend werden wie in der ersten Liebe.

4. Die Keuschheit

Verherrlicht Gott in eurem Leib

(1 Kor 6,20)

Im ersten Brief an die Korinther spricht Paulus im 6. Kapitel in klaren Worten von der Unreinheit und der Unzucht. Nicht deshalb verurteilt er sie, weil sie der Moral und dem Gesetz widersprechen, er führt vielmehr spirituelle Gründe an. Es geht nun nicht mehr nur darum, sich betreffs der Sexualität an gewisse Vorschriften zu halten, um dem Gesetz zu gehorchen, es handelt sich vielmehr darum, zum Plane Gottes zurückzukehren, als er den Mann und die Frau geschaffen hatte. Dieser Gesichtspunkt scheint mir heute von ganz besonderer Wichtigkeit zu sein. Wir haben die Konsequenzen daraus zu erwägen.

Glieder des auferstandenen Christus

Paulus sagt zu den Korinthern:

> *Der Leib ist aber nicht für die Unzucht da, sondern für den Herrn, und der Herr für den Leib. Gott hat den Herrn auferweckt; er wird durch seine Macht auch uns auferwecken. Wißt ihr nicht, daß eure Leiber Glieder Christi sind?* (1 Kor 6, 13-15).

Diese Aussage ist von großer Wichtigkeit. Die jüdisch-christliche Tradition ist in diesem Punkte sehr verschieden von der griechischen, insbesondere der platonischen Auffassung, die aus dem Körper das Gefängnis der Seele macht, aus dem man sich notwendigerweise loslösen muß, damit die Seele in aller Freiheit in ihre Fülle eintreten kann.

Selbst wenn der Körper (sôma auf griechisch) — der von Paulus im allgemeinen das Fleisch, sarx auf griechisch, genannt wird — den Mächten des Todes unterworfen ist, so ist er doch von Gott geschaffen, und er ist weitaus mehr als nur der «animalische» Teil der Person, der zum «spirituellen» Teil in Gegensatz steht: Wenn «das Fleisch» sich in ständigem Kampf mit dem Geiste befindet (s. 1 Petr 1,14) und daher in Zucht gehalten werden muß, so ist doch «der Leib» selbst zur Erlösung und zur Herrlichkeit berufen. Er ist vollständig ein Bestandteil der menschlichen Person. *Gott gibt jedem Samen die Gestalt, die er vorgesehen* hat (s. 1 Kor 15,38). Er ist kein abgenutztes Gewand, das beim Tode abgelegt wird, sondern der Same eines spirituellen Leibes, der durch seine Unterwerfung unter den Geist dann endlich befreit sein wird:

> *Was gesät wird, ist verweslich, was auferweckt wird, unverweslich. Gesät wird ein irdischer Leib, auferweckt ein überirdischer Leib* (1 Kor 15,42 ff.).

In Jesus hat Gott durch Maria Fleisch angenommen, er hat des Leibes Begrenzungen, aber auch seine Schönheit gekannt, er, *der Schönste von allen Menschen…* (Ps 45,3), und er ist auch in seinem Leibe auferstanden. *«Wir haben nach seiner Auferstehung von den Toten mit ihm gegessen und getrunken»*, bezeugt Petrus im Hause des Hauptmanns Kornelius (Apg 10,41).

> *Unsere Heimat aber ist im Himmel. Von dort her erwarten wir auch Jesus Christus, den Herrn, als Ret-*

> *ter, der unseren armseligen Leib verwandeln wird in die Gestalt seines verherrlichten Leibes, in der Kraft, mit der er sich alles unterwerfen kann* (Phil 3,17 ff.).

So ist die ganze Person, einschließlich des einmaligen und unveräußerlichen Körpers dazu berufen, am Leben und der Herrlichkeit des auferstandenen Christus Anteil zu haben. Das ist das Herzstück unseres Glaubens. Seit dem Ostermorgen wissen wir, daß der Tod besiegt ist, und in der Hoffnung, daß dieser Sieg in seiner Fülle bekundet wird, sind wir bereits auferstanden. Es ist gut, sich immer wieder daran zu erinnern, heute, wo so viele unserer Zeitgenossen, auch jene, die sich Christen nennen, sich zur Lehre von der Reinkarnation hingezogen fühlen, wo aber auch der Kult des Körpers Hand in Hand geht mit der Verachtung, mit der man ihn behandelt, in einer Pseudo-Kultur, wo die Häßlichkeit manchmal um ihrer selbst willen gesucht zu werden scheint.

Tempel des Heiligen Geistes

Der heilige Paulus geht in der Fortsetzung seiner Meditation sogar noch weiter: *«Wißt ihr nicht, daß euer Leib ein Tempel des Heiligen Geistes ist, der in euch wohnt und den ihr von Gott habt? Ihr gehört euch nicht selbst; denn um einen teuren Preis seid ihr erkauft worden. Verherrlicht also Gott in eurem Leib!»* (1 Kor 6, 19-20).

Der Körper ist nicht nur zur Auferstehung berufen, weil er Christus gehört, sondern bereits hier auf Erden ist er der *Tempel des Heiligen Geistes;* Gott wohnt in ihm, ihm gehört er ganz und gar. Der Getaufte kann nicht sagen: «Mein Körper gehört mir.» Der Heilige Geist bewohnt ihn ganz und gar, er ist sein Leben, bereits hier auf Erden. So kann «der Leib des Todes» zum «Leib der Herrlichkeit» werden und zwar der ganze Körper, der ganz mit der Herrlichkeit Gottes bekleidet ist.

Eine lebendige Opfergabe

> *«Angesichts des Erbarmens Gottes ermahne ich euch, meine Brüder, euch selbst als lebendiges und heiliges Opfer darzubringen, das Gott gefällt; das ist für euch der wahre und angemessene Gottesdienst»* (Röm 12,1).

Von daher sind die Anforderungen zu verstehen, die das Wort Gottes an uns richtet, was die rechte «Verwaltung des Körpers» betrifft. Weit davon entfernt, ihn zu verachten, sind wir vielmehr dazu aufgerufen, *ihn mit aller Sorgfalt zu behandeln und zu pflegen* (vgl. Eph 5,29) und ihm große Ehrfurcht entgegenzubringen:

> *Das ist es, was Gott will: eure Heiligung. Das bedeutet, daß ihr die Unzucht meidet, daß jeder von euch seinen Leib in heiliger und ehrbarer Weise bewahrt* (den seinigen oder den seines Ehegefährten; Paulus präzisiert es nicht), *nicht in leidenschaftlicher Begierde wie die Heiden, die Gott nicht kennen, und daß keiner sich gegen seinen Bruder in der betreffenden Sache Übergriffe erlaubt, denn all das rächt der Herr, wie wir euch schon früher gesagt haben. Denn Gott hat uns nicht dazu berufen, unrein zu leben, sondern heilig zu sein. Wer das verwirft, der verwirft also nicht Menschen, sondern Gott, der euch seinen Heiligen Geist schenkt* (1 Thess 4, 3-8).

Wir sind heute Zeugen einer Art Auflösung der menschlichen Person: Der Körper wird gleichzeitig um seiner selbst willen verherrlicht — und wie ein Objekt der Lust behandelt, das nach Gebrauch weggeworfen wird, besonders der Körper der Frau. Überall werden an den Mauern unserer Städte aggressive Nacktheiten zur Schau gestellt, so, als ob der auf diese Weise dargestellte Körper keine andere Funktion hätte, als unsere Phantasie anzuregen oder als Aushängeschild für die Reklame zu dienen. Und da die Öffentlichkeit sich an alles gewöhnt, wird die Schamlosigkeit immer größer, bis man sich eines Tages bewußt wird, in welchem Maße sie zerstörend wirkt, besonders bei den Jugendlichen und sogar bei den kleinen Kindern (man denke z.B. an gewisse Fernsehsendungen).

Es handelt sich nicht darum, zu einem Puritanismus zurückzukehren, der in psychologischer und spiritueller Hinsicht auch großen Schaden angerichtet hat, und zwar in dem Maße, wie er den Körper als einen Feind betrachtete, der beständig unter Kontrolle gehalten werden muß. Wenn eine gewisse Aszese auch notwendig ist, so darf sie doch niemals um ihrer selbst willen geübt werden. Sie rührt nicht von einer Verachtung oder Geringschätzung des Körpers her, sie steht vielmehr im Dienste des Wachstums in der Liebe. Es handelt sich darum, den Mut zu haben, eine gesunde Freiheit inbezug auf den Körper zu verkünden — und danach zu leben —, und da die ganze menschliche Person eine Einheit ist, muß man auch dem Leib den ganzen ihm gebührenden Platz gewähren, und nichts anderes als seinen Platz. Das beinhaltet eine Wahl, und manchmal eine mutige Wahl. *«Wenn dein Auge gesund ist, dann wird dein ganzer Körper hell sein»*, sagt uns der Herr (Mt 6, 22-23).

Ein paar Fragen

Wie konnte es nur geschehen, daß wir es zugelassen haben, daß diese Perspektiven in das Gefängnis einer engen Gesetzesfrömmigkeit eingeschlossen wurden! Im Abenteuer der Menschheit wie auch im Abenteuer eines jeden von uns hat

Gott sich in Jesus ganz und gar engagiert, fast möchte ich sagen: von innen her... Er ist *der Erlöser des Leibes,* das heißt, daß er uns vollständig erlöst.

Stellen wir uns doch aufrichtig die folgende Frage: Wie sieht es in meinem konkreten Leben aus, besonders in meinen alltäglichen Verhaltensweisen? Ändert mein Glaube an die Auferstehung wirklich etwas in der Beziehung zu meinem Körper? In meinen ehelichen Beziehungen? Was bedeutet für mich die «Schamhaftigkeit»?

Liebe ich meinen Körper? Achte ich darauf, ihn gesund zu erhalten? Vermag ich in aller Ehrlichkeit zu sagen: «*Ich danke dir, mein Gott, daß du mich so wunderbar gestaltet hast* (s. Ps 139,14), auch in meinem Leib...?»

Oder lasse ich ihm im Gegenteil eine übertriebene Sorge zuteil werden? Lebe ich in der Angst vor der Krankheit und dem Alter?

Welcher Art sind meine Gefühle angesichts des Körpers eines Kindes, eines Greises, eines Behinderten, eines Landstreichers, eines Toten, eines Neugeborenen, meiner Frau, meines Mannes...? Eine Liste, die noch zu vervollständigen ist... Auf jeden Fall, ist mein erstes Gefühl das der Ehrfurcht?

Ist es heute nicht an der Zeit, den Mut zu haben, die Anforderungen des Wortes Gottes ganz besonders in diesem Bereich öffentlich zu verkünden und dementsprechend zu leben? So viele Männer und Frauen, so viele Jugendliche hatten geglaubt, frei zu werden, indem sie all das verwarfen, wovon man ihnen gesagt hatte, es seien überholte «Tabus». Gewiß, das hat es gegeben, aber wir nennen allzuleicht «Tabu» alles das, was uns stört und was eine Änderung des Standpunktes und des Verhaltens erfordert.

Mehr als jemals zuvor haben wir durch unsere Worte und durch unser Leben davon Zeugnis abzulegen, daß *«da, wo der Geist des Herrn wirkt, die Freiheit ist»* (2 Kor 3,17).

Der Geliebte ist mein, und ich bin sein; er weidet in den Lilien (Hld 2,16)

Allzuoft verwechseln wir Keuschheit mit Enthaltsamkeit. Die Keuschheit beinhaltet die Enthaltsamkeit, das heißt, die Beherrschung des Geschlechtstriebes außerhalb der Ehe. In der Ehe beinhaltet die Keuschheit nicht die Enthaltsamkeit, hier handelt es sich vielmehr darum, den anderen zu lieben mit einer Liebe der Hingabe seiner selbst, ohne den anderen besitzen oder beherrschen zu wollen, mit einer treuen Liebe, die nichts von dem, was sie gegeben hatte, zurücknimmt: Von dieser Liebe ist Gott die Quelle und das Vorbild, und wir müssen Zeugen davon sein, demütige, aber wahrhaftige Zeugen.

«Ich empfange dich…, und ich gebe mich dir…»

Dies ist eine der beiden Formulierungen beim Empfang des Ehesakramentes. Das ist keineswegs etwas Nebensächliches, denn die Ehe ist der Ort, wo wir berufen sind, uns zu bekehren, jeden Tag ein wenig mehr, indem wir uns selbst hingeben, einschließlich der fleischlichen Vereinigung. Man kann enthaltsam sein, ohne keusch zu sein, wenn man dem anderen die Verweigerung in diesem Bereiche aufzwingt. *Der Mann soll seine Pflicht gegenüber der Frau erfüllen und ebenso die Frau gegenüber dem Mann. Nicht die Frau verfügt über ihren Leib, sondern der Mann. Ebenso verfügt nicht der Mann über seinen Leib, sondern die Frau...* (1 Kor 7, 3-6). Das hier gebrauchte Vokabular («die eheliche Pflicht») hat heute keinen guten Klang, denn es läßt die ganze Fülle des physischen Ausdrucks der ehelichen Liebe außeracht, ein Reichtum, der besonders in unserer Zeit entdeckt worden ist. Vermerken wir indessen — gleichsam nebenbei —, daß «Rechte» und «Pflichten» sowohl für den Mann wie auch für die Frau in enger Wechselbeziehung zueinander stehen... Der Leib der Frau soll ihrem Mann gehören..., das mußte den Gesprächspartnern des Paulus als ganz selbstverständlich erscheinen. Daß aber der Leib des Gatten der Frau gehören soll..., das ist ein überraschendes, ein erstaunliches Wort! Wir vermögen kaum die Neuheit derartiger Worte in der damaligen Zeit zu ermessen!

Die fleischliche Vereinigung — ich habe immer wieder darauf hingewiesen — ist keine in der Ehe zugestandene Konzession, die notwendig ist, um Kinder zu haben. Sie ist vollständiger Bestandteil der Ehe, eine Gabe Gottes, eine sehr kostbare Ausdrucksform der Vereinigung der Herzen. Hören wir dazu, mit welcher Kraft, um nicht zu sagen, Gewalt, der heilige Paulus diese Realität betont, in dem, was die Ehe betrifft (und den Gebrauch verschiedener Speisen), wobei er sich jenen entgegenstellt, die eine sogenannte «Reinheit» suchen, die aber nur äußerlich ist:

> *Der Geist sagt ausdrücklich: In späteren Zeiten werden manche vom Glauben abfallen; sie werden sich betrügerischen Geistern und den Lehrern von Dämonen zuwenden, getäuscht von heuchlerischen Lügnern, deren Gewissen gebrandmarkt ist. Sie verbieten die Heirat und fordern den Verzicht auf bestimmte Speisen, die Gott doch dazu geschaffen hat, daß die, die zum Glauben und zur Erkenntnis der Wahrheit*

> *gelangt sind, sie mit Danksagung zu sich nehmen. Denn alles, was Gott geschaffen hat, ist gut, und nichts ist verwerflich, wenn es mit Dank genossen wird; es wird geheiligt durch Gottes Wort und durch das Gebet* (1 Tim 4).

Das sind starke Worte. Der Apostel Paulus sucht hier nicht, die Sexualität lediglich durch die Fruchtbarkeit zu «rechtfertigen», sondern er spricht von der ehelichen Vereinigung an sich, einschließlich der mit ihr verbundenen Lust, die von Gott gegeben ist und mit Danksagung von ihm entgegengenommen werden soll.

Gleichsam wie ein Echo vernehme ich jene Vorschrift aus dem Deuteronomium, die ich bereits vorher zitiert habe: *«Wenn ein Mann neuvermählt ist, muß er nicht mit dem Heer ausrücken. Man soll auch keine andere Leistung von ihm verlangen. Ein Jahr lang darf er frei von Verpflichtungen zu Hause bleiben und die Frau, die er geheiratet hat, erfreuen»* (Dtn 24,5). Wir sehen, es handelt sich hier für den Mann nicht einmal um seine eigene Freude, sondern um die seiner Frau!

Das Konzil präzisiert: «Diese Liebe wird durch den eigentlichen Vollzug der Ehe in besonderer Weise ausgedrückt und verwirklicht. Jene Akte also, durch die die Eheleute innigst und lauter eins werden, sind von sittlicher Würde; sie bringen, wenn sie human vollzogen werden, jenes gegenseitige Übereignet-Sein zum Ausdruck und vertiefen es, durch das sich die Gatten gegenseitig in Freude und Dankbarkeit reich machen» (G. und S. 49, § 29).

Die keusche Liebe, das heißt, die Liebe als Hingabe, öffnet aufs neue die Tore zum verschlossenen Garten. Es muß immer wieder darauf hingewiesen werden, daß die Herrschaft des Mannes über die Frau, die er zu besitzen und einzuschließen sucht, nicht dem ursprünglichen Plane Gottes entspricht, sondern die Frucht der Sünde des Anfangs ist, die das Verhältnis der beiden Geschlechter zueinander schwerwiegend gestört hat.

So macht die Ausübung der Sexualität, die auf die ihr eigene Weise die Liebe der Herzen zum Ausdruck bringt, die Ehe zu einem bevorzugten Ort der inneren Heilung. Gott hat in Jesus den Weg aufgezeigt: Das Vollmaß der wahren Liebe ist die Hingabe des eigenen Lebens. «Nicht zum Spaß habe ich euch geliebt», sagte der Herr zur heiligen Angela von Foligno. Die Liebe ist weder für den Mann noch für die Frau ein Spiel, sondern ein vollständiger Einsatz der eigenen Person in der Aufnahme des anderen und Hingabe seiner selbst. Das ist vielleicht nicht einfach, aber es ist ein bevorzugter Weg, «der durch ein eigenes Sakrament gleichsam geweiht ist» (G. und S. id), um es dem Mann und der Frau zu ermöglichen, *entsprechend der Ähnlichkeit mit Gott* zu leben und zur Vollendung zu gelangen.

Die Frucht des Geistes ist … Treue (Gal 5,22)

Im Briefe an die Hebräer lesen wir bei der Aufzählung der Regeln, die die geschwisterliche Gemeinschaft auferbauen, folgende Forderung:

> *Die Ehe soll von allen in Ehren gehalten werden…, denn Unzüchtige und Ehebrecher wird Gott richten* (Hebr 13,4).

Die Keuschheit in der Ehe beinhaltet die Treue, das gilt sowohl für den Mann wie auch für die Frau. Auf diesem Gebiet ist das Wort Gottes von unmißverständlicher Klarheit. Es stützt sich auf den Plan Gottes am Anbeginn:

> *Darum verläßt der Mann Vater und Mutter und bindet sich an seine Frau, und sie werden ein Fleisch* (Gen 2,24).

Die gleiche Forderung finden wir in den Worten der Propheten wieder, besonders bei Maleachi:

> *Ihr bedeckt den Altar des Herrn mit Tränen, ihr weint und klagt, weil er sich eurem Opfer nicht mehr zuwendet und es nicht mehr gnädig annimmt aus eurer Hand. Und wenn ihr fragt: Warum? Weil der Herr Zeuge war zwischen dir und der Frau deiner Jugend, an der du treulos handelst, obwohl sie deine Gefährtin ist, die Frau, mit der du einen Bund geschlossen hast…* (Mal 2, 13-14).

Jesus selbst sagt es ganz klar:

> *«Was Gott verbunden hat, das darf der Mensch nicht trennen…»* (Mt 19,6). *«Wer seine Frau aus der Ehe entläßt und eine andere heiratet, begeht ihr gegenüber Ehebruch. Auch eine Frau begeht Ehebruch, wenn sie ihren Mann aus der Ehe entläßt und einen anderen heiratet»* (Mk 10, 11-12).

> *«Wer eine Frau heiratet, die von ihrem Mann aus der Ehe entlassen worden ist, begeht Ehebruch»* (Lk 16,18).

Jesus geht aber noch weiter, denn er verlangt die Treue des Herzens und nicht nur die Treue in den Handlungen, *denn aus dem Herzen kommen böse Gedanken, Mord, Ehebruch, Unzucht…* (Mt 15,19).

> *Wer eine Frau auch nur lüstern ansieht, hat in seinem Herzen schon Ehebruch mit ihr begangen* (Mt 5,28).

Er verweist seine Fragesteller auf die Worte der Genesis und verurteilt die von Mose gesetzlich erlaubte Ehescheidung, da sie ihren Ursprung in der Hartherzigkeit des Menschen hat, in der Sklerose des Herzens. Man versteht ohne weiteres, daß die Apostel den Mut verloren, als sie diese Worte hörten...! «Dann ist es nicht gut zu heiraten...» (Mt 19,10).

Paulus stellt in seinem ersten Brief an die Korinther (7,10) diese gleichen Anforderungen und hebt es ganz klar hervor: *Den Verheirateten gebiete nicht ich, sondern der Herr...*

Hören wir doch auf, die «Anforderungen des Evangeliums» und die «Barmherzigkeit» in Gegensatz zueinander zu sehen, besonders, wenn es sich darum handelt, auf künstliche Weise Gott und die Kirche einander gegenüberzustellen. Die Barmherzigkeit Gottes ist keine moraltriefende Pomade. Jesus verzeiht uns alles, wenn wir wirklich aus dem Grunde unseres Herzens zu ihm zurückkehren, aber er läßt uns nichts durchgehen. Bei ihm, der ja «weiß, was im Menschen ist», ist es unmöglich zu mogeln: Er fordert die achtsame Zurückhaltung des Blickes, wenn wir einem Mann oder einer Frau begegnen, der oder die nicht mir gehört. *«Wenn dein Auge gesund ist, dann wird dein ganzer Körper hell sein»* (Mt 6, 22-23 und Lk 11, 34-36). Beherrschung der Phantasie: selbst wenn im sexuellen Leben die Phantasie auch eine Rolle zu spielen hat, so ist es doch nicht erlaubt, alle nur möglichen Phantasiebilder hervorzurufen, die sich mit allen möglichen Personen befassen.

Diese Worte stellen uns ernsthaft vor die Frage: Wie steht es mit der Klarheit und Reinheit meines Herzens? Von welchen Wünschen, welchen Phantasiebildern ist es bewohnt...?

Man kann seinen Ehegefährten aber auch auf vielerlei andere Weise als nur durch die eheliche Untreue täuschen: der Erfolg, das Geld, der Wunsch, im Berufsleben vorwärts zu kommen, all das kann zum Idol werden, man kann daraus den Sinn seines Lebens machen. Ich kenne eine Reihe von Ehepaaren, die nahe daran sind, auseinanderzubrechen, weil jeder sich außerhalb des Hauses so sehr verausgabt hat, manchmal sogar im Dienste des Apostolats, daß die gemeinsame Wohnung nur noch ein «Durchgangslager» ist, eine «Bahnhofhalle», wo man sich trifft, ohne sich wirklich zu begegnen. Die Tatsache, daß die Frauenarbeit allgemein üblich geworden ist, läßt die Problematik heute noch akuter werden, sie ruft die Gatten zu großer Wachsamkeit auf.

Wir haben uns auch folgende Frage zu stellen: «Wem gebe ich mein Leben, und aus welchem Grunde tue ich es?» Das kann zu einschneidenden Entscheidungen führen.

Nur eine Zeitlang (1 Kor 7,5)

> *Entzieht euch einander nicht, außer im gegenseitigen Einverständnis und nur eine Zeitlang, um für das Gebet frei zu sein. Dann kommt wieder zusammen…* (1 Kor 7,5).

Ist es möglich, in der Ehe enthaltsam zu sein? Ist dies wünschenswert? Warum und unter welchen Bedingungen? Besonders, was die periodische Enthaltsamkeit betrifft, die bei den natürlichen Methoden der Geburtenregulierung erforderlich ist?

Die vom heiligen Paulus vorgeschlagenen Regeln sind klug und realistisch: *im gegenseitigen Einverständnis und nur eine Zeitlang,* um für eine Zeit des Gebetes frei zu sein.

Die größte Gefahr, der die menschliche Ausdrucksform der Sexualität ausgesetzt ist, besteht darin, daß sie der Befriedigung eines natürlichen Bedürfnisses gleichgestellt wird, wie zum Beispiel dem Bedürfnis zu essen oder zu trinken. Wir haben gesehen, daß es sich um etwas ganz anderes handelt:

Man kann nicht leben, ohne zu essen und zu trinken; in der ständigen oder vorübergehenden Enthaltsamkeit aber kann man leben, und zwar sehr gut leben... Und die Tatsache, daß der Geschlechtsverkehr zu etwas ganz alltäglichem geworden ist, verhindert weitaus mehr die Persönlichkeitsentfaltung von Mann und Frau als die Enthaltsamkeit! Oft ist es nämlich so, daß in der Ehe die Ausdrucksform der Sexualität *das* an Tiefe gewinnt, was sie an Häufigkeit verliert. Jedes Ehepaar muß in aller Freiheit den ihm eigenen Rhythmus herausfinden. Und wenn die Kirche von zeitweiliger Enthaltsamkeit spricht, so tut sie das nicht aus Verachtung der körperlichen Vereinigung, und auch nicht nur, um die Fruchtbarkeit zu verwalten. Es soll auch die ganze Dimension der körperlichen Vereinigung bewahrt bleiben, die unaufhörlich in Abhängigkeit von der Gemeinschaft der Herzen betrachtet werden muß.

Wie ist es also in der Ehe? Wenn die Ehegatten aus vernünftigen Gründen und in gemeinsamer Übereinkunft sich für die periodische Enthaltsamkeit entscheiden, um ihre Fruchtbarkeit zu verwalten, so wird die Erfahrung ihnen zeigen, wie vorteilhaft dies für sie ist, wenn sie hierin der Kirche vertrauen, die eine wahre Mutter und keine Rabenmutter ist und welche diese Entscheidung ihrem Gewissen überläßt. Statt zu sagen: «Sieh' zu, wie du damit fertig wirst, ich kümmere mich nicht darum...», treffen die Eheleute gemeinsam die Entscheidung und tragen gemeinsam die Verantwortung. Gemeinsam lernen sie es, ihr Verlangen zu beherrschen und zu vertiefen, was oft dazu führt, in den Perioden, wo die Vereinigung wieder möglich ist, zu einer größeren Harmonie zu gelangen. Gemeinsam suchen sie andere Ausdrucksformen der Zärtlichkeit, und sie finden vor allem einen Raum der Freiheit, um miteinander zu sprechen. So viele Ehen leiden sozusagen an geistiger Blutleere, da es dort kein zärtliches und vertrauensvolles Gespräch gibt! Hinzuzufügen wäre noch —

nach den Worten von Professor Joyeux — die Praxis einer «sexuellen Ökologie», was keineswegs geringgeschätzt werden darf... Auch hier auf diesem Gebiet, wie auf so vielen anderen, erweist sich die Kirche als «Sachverständiger in Menschlichkeit».

Gewiß, es gibt Zeiten, wo die Schwierigkeit größer ist. Manchmal kann man sich sogar mit einer fast ausweglosen Situation konfrontiert sehen, und man weiß nicht, wie man mit ihr fertig werden soll: eine schwerwiegende Krise in der Ehe oder eine Krankheit, die eine neue Geburt kategorisch verbietet. Nebenbei gesagt, die gleichen Probleme stellen sich bei den künstlichen Methoden der Empfängnisverhütung, die übrigens niemals völlig sicher sind. Es kann in unserer Ehe Zeiten geben, wo unsere eigene Schwachheit oder die unseres Gefährten uns gleichsam überflutet. Man kommt nicht als Heiliger zur Welt, man wird es!

Die periodische Enthaltsamkeit ist uns allzu oft als ein Gesetz vor Augen gestellt worden, «anderenfalls ist es eine schwere Sünde», während sie uns doch in Wirklichkeit als ein Weg der Liebe vorgeschlagen wird, als eine tiefe Dynamik des Lebens. Der Herr weiß, woraus wir gebildet sind... Was er von uns verlangt, das ist zunächst dies: in der Haltung der Wahrheit vor sein Angesicht zu treten und seine Anforderungen nicht an unserer Armut zu messen, sondern zu sagen: «Ja, Herr, was du mir vorschlägst, ist gut, aber ich habe noch nicht die Kraft, es auszuführen, hilf mir, auf deinen Wegen zu wandeln.» Dies ist die Haltung der Wahrheit gegenüber Gott auf diesem Gebiet; die Wahrheit aber wäre nicht in uns, wenn wir sagten: «Das geht mich nichts an», oder: «Die Kirche versteht überhaupt nichts davon...» Wir müssen vielmehr versuchen, ganz loyal diesen Weg zu gehen, gutwillig... und mit einem Minimum an Willenskraft.

Dann werden wir die Erfahrung machen, daß Gott in seiner Barmherzigkeit und Treue unserer Schwachheit zu Hilfe kommt. Die Gnade des Ehesakramentes wird uns Tag für Tag gegeben, so wie wir sie gerade brauchen. Gott ist nicht geizig… In dem Apostolischen Schreiben «Familiaris Consortio» (Nr. 9 und 34) spricht Johannes Paul II. vom «Gesetz des stufenweisen Fortschritts», womit gleichzeitig der Respekt vor den Wegen eines jeden und der Respekt vor den Anforderungen der Wahrheit bekundet wird.

«Sie sind den Engeln gleich» (Lk 20,36)

Ich bin manchmal Ehepaaren begegnet, die sich dazu berufen fühlen, in vollständiger Enthaltsamkeit zu leben. Die Beweggründe dazu können sehr verschieden sein. Ich habe in der Bewegung «Notre-Dame-de-l'Alliance»[1] Geschiedene getroffen, die nicht wieder geheiratet haben und die in vollständiger Keuschheit leben, in der Treue gegenüber ihrer ersten Liebe und dem empfangenen Ehesakrament. Ich habe auch geschiedene Ehepaare getroffen, die wieder geheiratet haben und die diesen Weg beschreiten wollten, um ihre Pflichten gegenüber ihren gemeinsamen Kindern mit einer Rückkehr zur vollen Teilnahme am sakramentellen Leben in Einklang zu bringen. Manche helfen sich gegenseitig, so zu leben, in Gruppen, wie z.B. in der «Solitude Myriam».

Es gibt aber auch andere, die sich zu diesem Wege berufen fühlen, wobei sie sich meistens auf das Kapitel 20 beim heiligen Lukas beziehen, wo von der Frau die Rede ist, die sieben Männer gehabt hatte: Die Sadduzäer wollen Jesus wieder einmal in Verlegenheit bringen, indem sie ihm einen theoretischen «Fall» vortragen, den einer Frau, die nacheinander sie-

1 Notre Dame-de-l'Alliance Ain-Karim, 14 rue du Muguet, F-35510 Cesson-Sévigné.

ben Ehemänner gehabt hatte, entsprechend dem Leviratsgesetz. Um sich über jene lustig zu machen, die an die Auferstehung glauben, fragen sie Jesus: *«Wessen Frau wird sie nun bei der Auferstehung sein?»* Jesus antwortete ihnen:

> *Nur in dieser Welt heiraten die Menschen. Die aber, die Gott für würdig hält, an jener Welt und an der Auferstehung von den Toten teilzuhaben, werden dann nicht mehr heiraten. Sie können auch nicht mehr sterben, weil sie den Engeln gleich und durch die Auferstehung zu Söhnen Gottes geworden sind* (Lk 20, 23-26).

Daher ist die Ausübung der Sexualität auf diese Welt beschränkt, und diejenigen, die in vollständiger Enthaltsamkeit leben, nehmen die Existenzweise des Gottesreiches bereits vorweg und verkünden es: Das ist der Sinn der Ehe von Maria und Josef, das Leben derer, die dazu berufen sind, «um des Himmelreiches willen ehelos zu leben». Kann diese Berufung sich auch an Ehepaare richten? Oder besteht hier nicht vielmehr ein Widerspruch zu dem, was wir bisher betrachtet haben über die der Ehe eigenen Gnade?

Wenn Ehepaare sich die Frage stellen, ob sie evtl. dazu berufen sind, «wie Bruder und Schwester» zusammenzuleben, dann ist das Risiko des Angelismus nicht ausgeschlossen, des Wunsches, schon hier auf Erden in übertriebener Reinheit den Engeln gleich sein zu wollen, und die rechte Unterscheidung im Gebet und in der geistlichen Begleitung ist unerläßlich; denn es kann sich um eine schwierige Wegstrecke im Leben eines Ehepaares handeln; oder die fleischliche Harmonie kann aus verschiedenen Gründen, die manchmal medizinischer, häufiger aber psychologischer oder affektiver Natur sind, schwierig oder sogar unmöglich werden. Dann ist es allzu leicht, einfach zu sagen: «Der Herr beruft uns zur Enthaltsamkeit», weil ich in diesem Augenblick nicht mehr dazu bereit bin, mich meinem Gatten oder meiner Gattin hinzugeben. Es handelt sich hier um eine Entscheidung, die zu wichtig ist, als daß sie in einer Periode der Krise getroffen werden könnte. Und oft handelt es sich gar nicht um einen Ruf, das Leben zu ändern, sondern darum, die inneren Fehlhaltungen zu heilen, die das eheliche Leben blockieren. Der Herr ist von unendlicher Barmherzigkeit und Zärtlichkeit, er weiß uns neue Wege zu eröffnen, um uns in der Liebe zu erneuern.

Die physische Harmonie ist das Lied der Harmonie der Herzen und der Seelen. Wir müssen uns auf die Ebene des Herzens begeben; hier ist der Ort, wo der Herr uns erwartet, von hier aus wird er uns führen. Auch die eheliche Liebe geht, wie jede andere Liebe, durch Prüfungen und Reinigungen hindurch, um zu ihrer Entfaltung zu gelangen. Nur auf dieser Ebene vermögen wir etwas zu erfassen von dem Geheimnis jener Ehepaare, die Gott manchmal schon auf dieser Erde zu einer vollständigen Enthaltsamkeit berufen kann. Aber hier handelt es sich um das «Geheimnis des Königs», das respektiert werden muß: *Die Taten Gottes soll man offen rühmen, aber es ist gut, das Geheimnis eines Königs zu wahren* (Tob 12,11).

Wie immer wir die dem Evangelium entsprechende Keuschheit auch leben, sie steht im Dienste der Liebe des Ehepaares. Sie hält das Verlangen aufrecht, sich in der Liebe zu geben und zu empfangen, in aller Reinheit und Klarheit. So wird man nach und nach erkennen, *wie sehr Gott seinen Kindern gute Dinge zu geben weiß...* Wenn wir wüßten, wie einfach das alles ist! Es genügt, zu lieben...

5. Die Armut

«Selig, die arm sind vor Gott; denn ihnen gehört das Himmelreich» (Mt 5,3).

Die meisten Ehepaare sind nicht zur Armut der Ordensleute aufgerufen, denn diese beinhaltet eine vollständige Entäußerung und ist die Frucht einer besonderen Berufung. Dieser Ruf scheint heute an eine gewisse Zahl von prophetischen Ehepaaren ergangen zu sein, die in neuen Gemeinschaften leben, zusammen mit gottgeweihten ehelos Lebenden. Aber auch wer nicht zu einem solchen radikalen Schritt berufen ist, der ist doch dazu aufgerufen, im täglichen Leben «die dem Evangelium entsprechende Armut» zu üben. Es ist der Weg Christi in Nazareth, dem wir alle zu folgen haben. Was bedeutet das für ein Ehepaar, eine Familie, besonders in den Verhältnissen unserer Zeit?

Der ungerechte Mammon (Lk 16, 9-12)

Der heilige Paulus sieht die Sünde der Unreinheit im Zusammehang mit der Habgier:

> *Von Unzucht aber und Schamlosigkeit jeder Art oder von Habgier soll bei euch, wie es sich für Heilige gehört, nicht einmal die Rede sein... Denn das sollt ihr wissen: Kein unzüchtiger, schamloser oder habgieriger*

> *Mensch… erhält ein Erbteil im Reiche Christi und Gottes»* (Eph 5, 3-5).

Warum wird hier die Unreinheit mit der Liebe zum Geld in Verbindung gebracht, wenn nicht deshalb, weil es sich hier um zwei Formen des Götzendienstes handelt: *«Ihr könnt nicht gleichzeitig Gott und dem Gelde dienen.»*

Der Ruf zu der dem Evangelium entsprechenden Armut stellt sich für ein Ehepaar in zweifacher Hinsicht und beschreitet einen zweifachen Weg: verzichten und teilen.

Zunächst ein gewisser Verzicht auf das Überflüssige, sodann ein Verzicht auf die Verschwendung.

Die Schwierigkeit rührt oft von der Tatsache her, daß man das Überflüssige, je mehr man davon hat, für um so notwendiger hält. Aber in der Konsumgesellschaft, in der wir leben, ist es so leicht, sich unnötige Bedürfnisse zu schaffen! Ohne Zweifel sind wir immer ein wenig unterhalb oder ein wenig oberhalb davon… Auf jeden Fall, der Ruf zu einem Leben nach dem Evangelium ist klar:

> *Wenn wir Nahrung und Kleidung haben, soll uns das genügen. Wer aber reich werden will, gerät in Versuchungen und Schlingen, er verfällt vielen sinnlosen und schädlichen Begierden, die den Menschen ins Verderben und in den Untergang stürzen. Denn die Wurzel aller Übel ist die Habsucht* (1 Tim 6, 8-10).

Die Armut des Lebens in Nazareth ist kein Elend, sondern radikale Einfachheit. Wir könnten zum Beispiel hiermit anfangen: Unsere oft ganz reellen Geldschwierigkeiten könnten wir als einen Ruf betrachten, unser Leben zu vereinfachen. Wir sind von so vielen überflüssigen Dingen umgeben!

Die Verschwendung vermeiden, das ist ein Programm für das tägliche Leben, aus Respekt gegenüber all jenen Menschen, denen oft das Allernotwendigste fehlt. Wir werfen den jungen Brautleuten, wenn sie aus der Kirche kommen, ganze Hände voll Reis vor die Füße, und nicht einmal unsere verwöhnten Tauben picken sie auf... Wir kaufen teure Kleider für unsere Kinder, die in Indien oder in Vietnam von kleinen Mädchen gestickt worden sind, die sich dabei die Augen verderben. Ich könnte hier noch weitaus mehr Beispiele anführen. Ich weiß, daß diese Probleme sehr komplex sind, das Evangelium aber ist einfach. Was jedoch den Skandal unserer überquellenden Mülleimer betrifft, so sind wir bereits derart daran gewöhnt, daß wir gar nicht mehr darauf achten, und dennoch...!

Die Verschwendung vermeiden, das bedeutet auch, Ehrfurcht zu haben vor den Dingen, vor der Natur, vor den Tieren. Die Schöpfung kommt ja von Gott und kehrt auf geheimnisvolle Weise zu Gott zurück. Sie braucht den Menschen, um ein Lob auf den Schöpfergott zu werden: Jeden Sonntag wird uns im liturgischen Offizium der Laudes das Lied der drei Jünglinge im Feuerofen in die Herzen und auf die Lippen gelegt. Und der heilige Paulus führt uns noch weiter:

> *Die ganze Schöpfung wartet sehnsüchtig auf das Offenbar-Werden der Söhne Gottes. Die Schöpfung ist der Vergänglichkeit unterworfen...; aber zugleich gab er ihr Hoffnung: Auch die Schöpfung soll von der Sklaverei und Verlorenheit befreit werden zur Freiheit und Herrlichkeit der Kinder Gottes. Denn wir wissen, daß die gesamte Schöpfung bis zum heutigen Tag seufzt und in Geburtswehen liegt* (Röm 8, 19-22).

Vor Gott sind wir verantwortlich für das Seufzen und die Verklärung der geschaffenen Welt. Haben wir uns nicht alle zu bekehren in unserer Mentalität von reichen und verwöhnten Kindern? Welche Erziehung geben wir unseren Kindern in diesem Punkt? Das ist nicht lediglich eine ökologische Frage, das ist eine Frage des spirituellen Lebens und damit des Überlebens der Menschheit…

Ich glaube indessen, daß wir noch weiter gehen müssen. Sind die Christen heute nicht dringend dazu aufgerufen, sich auf neue Lebensformen zu besinnen? Ich will hier nicht auf all die komplexen sozial-ökonomischen Probleme zu sprechen kommen, die damit zusammenhängen. Aber das Problem muß zumindest gestellt werden… Unsere Bischöfe haben dazu ein wichtiges Schreiben veröffentlicht, das wir leider nur allzu schnell zu den Akten gelegt haben.

Natürlich gibt es hier keine allgemeingültige Regel, jeder hat seinen besonderen Ruf empfangen. Wir alle haben aber Verzicht zu leisten auf all das, was mit der «eitlen Ruhmsucht» zusammenhängt, auf den Wunsch, etwas zu sein, etwas darzustellen, den Nachbarn «auszustechen», beiseite zu schieben. Wir alle haben, je nach unserer eigenen Berufung, gemeinsam, auch mit unseren Kindern, über den Lebensstil in unserer Familie nachzudenken, wenn wir in der glücklichen Lage sind, hier eine Wahl treffen zu können.

«Wenn du vollkommen sein willst» (Mt 19,21)

In allem, was das Geld betrifft, haben wir uns alle zu einer großen Klarheit und Offenheit zu bekehren. Allzuoft kennen wir selbst in christlichen Familien die Versuchung, hierin nicht offen zu sein und sogar einander zu belügen.

Erinnern wir uns, wie es mit Ananias war, der sein Feld verkauft hatte und den Aposteln den Erlös übergab: er hatte heimlich einen Teil des Geldes zurückbehalten, wobei er aber den Anschein erweckte, alles gegeben zu haben. Petrus sprach zu ihm:

> *Warum hast du den Heiligen belogen und von dem Erlös des Grundstücks etwas für dich behalten? Hätte es nicht dein Eigentum bleiben können, und konntest du nicht auch nach dem Verkauf frei über den Erlös verfügen…? Du hast nicht Menschen belogen, sondern Gott* (Apg 5, 3-4).

Wie halten wir es in unserer Ehe mit allem, was das Geld betrifft (sei es wenig oder viel)? Führen wir gemeinsam die Haushaltskasse, und lassen wir auch unsere großen Kinder dabei sein? Ist das alles klar und offen unter uns?

Inbezug auf unsere Geldliebe haben wir uns alle zu bekehren. Die Geldliebe macht uns zu Sklaven, ganz gleich, ob wir Geld haben, oder ob es uns fehlt. Im letzteren Fall sind wir oft noch mehr versklavt, weil Sorgen und Befürchtungen uns befallen. Die falsche Sicherheit, die das Geld uns gibt, ist manchmal das größte Hindernis, wenn es darum geht, unser Vertrauen auf Gott zu setzen. Wie verhalten wir uns bei unvorhergesehenen Ereignissen in unserem Leben? Bei einer erneuten Schwangerschaft, die wir nicht eingeplant hatten? Bei einem Wechsel des Arbeitsplatzes, oder manchmal bei Arbeitslosigkeit? Das sind harte Prüfungen in unserem Leben, aber ein Aufruf, uns vollständig dem Herrn zu übereignen.

Ich sage nicht, daß es einfach ist, mit manchen dieser Prüfungen zu leben und dabei den Frieden zu bewahren; und von der vollkommenen Freude des heiligen Franz von Assisi verspüren wir an manchen Tagen so gut wie nichts. Wir haben uns aber alle daran zu erinnern, daß das Leben mehr ist als die Nahrung, und der Leib mehr als die Kleidung. Stellen wir uns zumindest einige Fragen.

> *Euer Leben sei frei von Habgier; seid zufrieden mit dem, was ihr habt; denn Gott hat versprochen: Ich lasse dich nicht fallen und verlasse dich nicht* (Hebr 13,5).

Wer zwei Gewänder hat (Lk 3,11)

Die dem Evangelium entsprechende Armut beinhaltet auch das Teilen:

> *Wenn jemand Vermögen hat und sein Herz vor dem Bruder verschließt, den er in Not sieht, wie kann die Gottesliebe in ihm bleiben? Meine Kinder, wir wollen nicht mit Wort und Zunge lieben, sondern in Tat und Wahrheit* (1 Joh 3, 17-18).

Wie steht es mit unserer Solidarität, besonders in dieser Zeit? Das Teilen ist zunächst Gerechtigkeit. Es ist wahr, Tag für Tag finden wir Spendenaufrufe in unseren Briefkästen, und wir sind ihrer überdrüssig. Wie soll ich erkennen, was der Herr von mir verlangt? Helfe ich vorrangig denjenigen gemeinnützigen Werken, die ich von der Steuer absetzen kann? Geben wir den Zehnten von unseren Gütern, auch wenn es sich nur um Kleinigkeiten handelt?

Sind wir auch fähig, die Arbeit zu teilen? Ich kenne ein Ehepaar, wo beide arbeiteten, der Mann und die Frau, und die daher recht komfortabel lebten. Sie haben den Entschluß gefaßt, nur noch halbtags zu arbeiten und ihren Lebensstil zu vereinfachen, um teilen zu können. Ich kenne auch ein anderes Ehepaar: Die Frau arbeitete sehr fleißig im Haushalt, um so weit wie möglich alles selbst zu machen, mit dem Ziel, für die Ferien zu sparen, die sie in fernen Ländern verbrachten. Sie haben nun beschlossen, eine Haushaltshilfe zu nehmen, die sie vorher für überflüssig hielten. Die junge Frau sagte zu mir: «Jetzt werden wir unsere Ferien natürlich nicht mehr in den USA verbringen, aber ich habe jetzt mehr Zeit, mich um die Kinder zu kümmern, und auch in der Pfarrei habe ich eine Aufgabe übernommen, wozu ich bisher nicht die Zeit gehabt hatte.» An uns liegt es nun, die uns selbst betreffenden Lösungen zu finden. Die Liebe zu unseren Brüdern und

Schwestern läßt uns neue Wege entdecken. Wenn es uns an Liebe fehlt, dann wird es uns auch an Erfindungsgabe fehlen.

Wie pflegen wir die Gastfreundschaft? Der Autor des Hebräer-Briefes gibt ihr den ersten Platz in der Ausübung der Bruderliebe:

> *Die Bruderliebe soll bleiben. Vergeßt die Gastfreundschaft nicht; denn durch sie haben einige, ohne es zu ahnen, Engel beherbergt* (Hebr 13, 1-2).

Erinnern wir uns jedoch stets an das Gleichnis vom Pharisäer und Zöllner: Hüten wir uns davor, unsere Brüder zu richten und zu verurteilen, wenn sie nicht die gleiche Einstellung haben wie wir. Die Hauptsache ist, daß wir uns von der Liebe zu Gott und zu den Brüdern leiten lassen, und nicht, einen Rekord zu schlagen oder den anderen eine Lektion zu erteilen. Auf diesem Gebiet sind wir schnell bereit, ein Urteil zu fällen. Wenn unsere Freigebigkeit beim Teilen uns dazu führt, die anderen zu verachten und ein hartes Urteil über sie zu fällen, dann ist unsere Großmut eine Karikatur dessen, was dem Evangelium entspricht. Jesus hatte reiche Freunde, er selbst aber hat die Wahl getroffen, arm zu sein. Er hat seine reichen Freunde nicht verurteilt. Er hat sie dazu eingeladen, einen Schritt nach vorne zu tun.

> *«Machet euch Freunde mit dem ungerechten Mammon»* (Lk 16,9).

> *Der heilige Paulus führt dieses Thema in seinem ersten Brief an Timotheus weiter: Ermahne die, die in dieser Welt reich sind, nicht überheblich zu werden und ihre Hoffnung nicht auf den unsicheren Reichtum zu setzen, sondern auf Gott, der uns alles reichlich gibt, was wir brauchen. Sie sollen wohltätig sein, reich werden an guten Werken, freigebig sein und, was sie haben,*

> *mit anderen teilen. So sammeln sie sich einen Schatz als sichere Grundlage für die Zukunft, um das wahre Leben zu erlangen* (1 Tim 6, 17-20).

Ich weiß wohl, daß die Hauptsache darin besteht, im Geiste der Armut zu leben und sich nicht an materielle Güter zu hängen, aber wir müssen auch verstehen, daß dies nicht genügt, wenn wir nicht den Geist der Armut in ganz konkreten Akten zum Ausdruck bringen. Wenn wir uns dazu entschließen, unsere Augen zu öffnen und die Welt um uns herum zu betrachten, dann brauchen wir nicht lange zu überlegen, um eine Wahl zu treffen.

6. Der Gehorsam

Einer ordne sich dem anderen unter in der gemeinsamen Ehrfrucht vor Christus (Eph 5,21).

Der Text aus dem fünften Kapitel des Epheser-Briefes ist sehr bekannt, selbst außerhalb der Kirche, und zwar wegen des kleinen Satzes: *Ihr Frauen, ordnet euch euren Männern unter.* Er beginnt aber mit den Worten: *Einer ordne sich dem anderen unter in der gemeinsamen Ehrfurcht vor Christus.* Diese Worte geben den Text nicht in seinem ursprünglichen Sinne wieder, sie haben in unserer Zeit eine Bedeutung angenommen, die diese Botschaft fast unannehmbar macht. Worte sind etwas wie wandelndes, und dieser Tatsache haben wir Rechnung zu tragen. So wird «Autorität» mit «Beherrschung» verwechselt, und «Furcht» mit «Angst vor Gott», während es sich doch um die anbetende Ehrfurcht handelt, die der Heilige Geist in unsere Herzen legt. Ich könnte noch viele andere Beispiele anführen. Was das Wort «Unterwerfung» betrifft, so hat sich dessen Sinn dahingehend gewandelt, daß es gleichbedeutend mit Sklaverei geworden ist, mit all dem, was dieses Wort an Willkür, an Verachtung und an Verlust von Freiheit und Würde beinhaltet, womit — nicht ohne Grund — die heftige Opposition der Frauen hervorgerufen wird.

Um den wahren Sinn dieses Textes zu verstehen, müssen wir ihn in der paulinischen Auffassung von der Kirche als

«Leib Christi» betrachten. *Ihr aber seid der Leib Christi, und jeder einzelne ist ein Glied an ihm* (1 Kor 12,27). In seinem ersten Brief an die Korinther spricht Paulus mit kraftvollen Worten von der radikalen Abhängigkeit der Glieder eines lebendigen Körpers voneinander:

> *Nun aber hat Gott jedes einzelne Glied so in den Leib eingefügt, wie es seiner Absicht entsprach. Wären alle zusammen nur EIN Glied, wo bliebe dann der Leib? So aber gibt es viele Glieder und doch nur einen Leib. Das Auge kann nicht zur Hand sagen: Ich bin nicht auf dich angewiesen. Der Kopf kann nicht zu den Füßen sagen: Ich brauche euch nicht* (1 Kor 12, 18-21).

Es ist klar, daß der Körper ohne gegenseitige Abhängigkeit der Glieder voneinander nicht leben kann. Ich glaube, hierin liegt der tiefe Sinn dessen, was der Apostel sagen will, wenn er — vor jeder Reflexion — von gegenseitiger «Unterwerfung» spricht.

Daher ist es mir lieber, diesen Satz wortwörtlich zu übersetzen: «Nehmt euren Platz ein in Abhängigkeit, daß die einen sich unter die anderen begeben...», das heißt: «In der Ehrfurcht vor dem anderen, macht euch voneinander abhängig.»

Diese «Unterwerfung» ist es, um die es sich hier handelt, und nicht um ich weiß nicht welche Unterdrückung der Persönlichkeit, die aus der Frau die willige Sklavin ihres Mannes macht. In «Mulieres Dignitatem» stellt Johannes Paul II. dies unmißverständlich klar: «...Während in der Beziehung von Christus zur Kirche die Unterwerfung einseitig bei der Kirche liegt, ist in der Beziehung von Mann und Frau die Unterwerfung nicht einseitig, sondern beiderseitig!» (M. D. 24).

Diese Botschaft ist von großer Wichtigkeit, um die menschlichen Beziehungen, ganz gleich, um welche es sich handelt, dem Evangelium entsprechend zu gestalten. *Jedem aber wird die Offenbarung des Geistes geschenkt, damit sie anderen nützt* (1 Kor 12,7). Kein «Charisma», vom kleinsten bis zum bedeutendsten, wird gegeben zum Dienste am ganzen Leib, ohne uns voneinander in Abhängigkeit zu bringen.

Es ist in der Ehe von großer Wichtigkeit, Tag für Tag in dieser Abhängigkeit zu leben. Das ist im übrigen die Ausdrucksform der wahren Liebe: «Ich brauche dich, um leben zu können, und ich bin glücklich, daß es so ist.» In einem offenen Brief an ihren Mann, der noch als Geisel im Libanon festgehalten wird, schrieb Joelle Kaufmann: «Mußte ich so viel Leid und Angst ertragen, um zu erkennen, daß du mein Leben bist, und daß ich an dem Tage geboren wurde, wo ich dir begegnet bin?» Kann man wohl die Kraft der Liebe zwischen Mann und Frau besser ausdrücken als mit diesen Worten?

Ihr Männer, liebt eure Frauen (Eph 5,25)

Um die Fortsetzung des Textes besser zu verstehen, möge man mir erlauben, mich zunächst dem zweiten Teil zuzuwenden, wo Paulus sich an die Ehemänner wendet.

> *Ihr Männer, liebt eure Frauen, wie Christus die Kirche geliebt und sich für sie hingegeben hat, um sie im Wasser und durch das Wort rein und heilig zu machen. So will er die Kirche herrlich vor sich erscheinen lassen; ohne Flecken, Falten oder andere Fehler; heilig soll sie sein und makellos. Darum sind die Männer verpflichtet, ihre Frauen so zu lieben wie ihren eigenen Leib. Wer seine Frau liebt, liebt sich selbst. Keiner hat je seinen eigenen Leib gehaßt, sondern er nährt und pflegt ihn, wie auch Christus die Kirche. Denn wir sind Glieder seines Leibes. Darum wird der Mann Vater und Mutter verlassen und sich an seine Frau binden, und*

> *die zwei werden ein Fleisch sein. Dies ist ein tiefes Geheimnis; ich beziehe es auf Christus und die Kirche* (Eph 5, 25-32).

In dieser gegenseitigen Abhängigkeit wendet sich der Apostel an jeden einzelnen der Gatten in der ihm eigenen Gnade, aber auch in seinen Schwächen und den ihm eigenen Versuchungen.

Wenn es die Gnade des Mannes ist, die Liebe anzubieten, so besteht seine Versuchung darin, sich vor einem totalen Engagement mit Leib und Seele zu fürchten, ganz gleich, welches Alter er hat. Schon auf der ersten Seite der Genesis wird er dazu aufgefordert, mit seinem früheren Leben und sogar mit seiner eigenen Familie zu brechen und sich an seine Frau zu binden. Gerade diese Bindung ist es, vor der er Angst hat, Angst, «sich einstecken zu lassen», sich für das ganze Leben in unverbrüchlicher Treue zu binden, Angst, dabei seine Unabhängigkeit zu verlieren, ganz einfach Angst vor den Anforderungen der Liebe.

Paulus geht sogar noch weiter. Er verlangt von den Ehegatten, den Weg einer sich opfernden Liebe zu beschreiten, einer Liebe, die «sich ausliefert», die bereit ist, bis zum Ende auszuharren, in der Treue, in der Hingabe seiner selbst, und zwar bis zum Tode, wie der Gute Hirte, wie Christus. Das Wort des Apostels erlaubt keinerlei Konzession, keinerlei Vorbehalt. Seine Worte sind überströmend von Zärtlichkeit, wenn er die Liebe Christi zur Kirche, seiner Gattin, betrachtet, eine Liebe so voll Fürsorge und Ehrfurcht, und die Liebe des Mannes zu seiner Frau: *sie zu lieben wie sich selbst…, ihr voll Fürsorge zu begegnen…* und zu lieben mit einer Liebe ohne Vorbehalt.

Man geht allzu leicht über diese Worte hinweg, die an den Mann so hohe Anforderung stellen, die ihn im Mittelpunkt dessen erreichen, was man «die männliche Egozentrik» nennt.

Welche radikale Umkehr wird von ihm verlangt! Wenn auf diese Weise Christus im Manne Gestalt gewinnt, dann geschieht dies nicht um der Macht und nicht um der Ehre willen, sondern, damit er sich in einer Liebe der vollständigen Hingabe engagiert, auf einem Weg ohne Umkehr und ohne rückwärts zu schauen (Lk 9,62).

Ihr Frauen, ordnet euch euren Männern unter

(Eph 5,21)

Ihr Frauen, ordnet euch euren Männern unter wie dem Herrn (Christus); denn der Mann ist das Haupt der Frau, wie auch Christus das Haupt der Kirche ist; er hat sie gerettet, denn sie ist sein Leib. Wie aber die Kirche sich Christus unterordnet, sollen sich die Frauen in allem den Männern unterordnen.

Indem Paulus von der Frau die dem Evangelium entsprechende «Unterwerfung» fordert, das heißt, ihre Zustimmung zur Abhängigkeit in der Liebe, weist er damit auf die ihr eigene Versuchung hin. Wie es dem Mann schwer fällt, zu lieben, so ist es für die Frau nicht leicht, sich lieben zu lassen. Auch sie hat auf ihre Weise Angst vor der Liebe, Angst, die Liebe zu empfangen. Es ist nicht notwendig, ihr zu sagen, daß sie ihren Gatten lieben und sich an ihn binden soll. Die Frau liebt und bindet sich sehr schnell, zu schnell manchmal nach Ansicht des Mannes. Darum hat er Angst, in eine Falle zu geraten. Die Frau ihrerseits verwechselt sehr leicht Freiheit und Unabhängigkeit, sie ist versucht zu sagen: «Ich habe dich nicht nötig, ich kann sehr gut allein zurechtkommen», und in Gedanken hinzuzufügen: «Ich komme sogar besser zurecht als du...»

Diese Selbstzufriedenheit der Frau hindert den Mann daran, sich als Ehemann bestätigt zu wissen, und hierin liegt oft die Ursache für eine ständige Spannung, eine Verkrampfung im Eheleben. Wenn dann noch ein gewisser Widerspruchsgeist hinzukommt, dann wird ein echter Dialog fast unmöglich.

Der gedemütigte Mann verschließt sich und zieht sich in seinen eigenen Bereich zurück, im allgemeinen ins Berufsleben, wenn ihm dies ein gewisses Ansehen verleiht. Die Frau macht es ihm dann zum Vorwurf, während sie selbst immer mehr Dinge in eigene Regie nimmt und dabei denkt..., oder es auch ausspricht: «Ich habe noch ein Kind mehr im Hause.»

Der Mann kann aber nur dann reifen und seine Persönlichkeit entfalten, wenn seine Frau ihm Vertrauen entgegenbringt und ihn zutiefst in seinem eigenen Charisma respektiert. Es ist kein Wachstum in der Liebe möglich, wenn diese Haltung der Ehrfurcht fehlt, der Ehrfurcht vor der Berufung des anderen, in gegenseitiger Abhängigkeit, die nicht erlitten wird, sondern in der Zärtlichkeit aus dem Herzen kommt. Es ist wahr, die Liebe macht abhängig, aber in dieser Abhängigkeit liegt das Geheimnis der Freude.

Dieses Geheimnis haben wir vielleicht vergessen. Es lebt aber weiter, verborgen im Herzen unserer Jugendlichen. Statt dessen schlagen wir ihnen eine Assoziation mit gleichen Rechten vor..., das Modell eines Ehepaares, das gegen alle Eventualitäten versichert ist. Gewiß, es ist ein Risiko, zu lieben, aber das ist das Risiko der wahren Freiheit. Die Freiheit ist uns ja von Gott selbst gegeben worden, um zu der sich schenkenden Liebe «ja» zu sagen, und nicht, um sie zu verweigern. Die Freiheit ist Elan, gegenseitige Hingabe und Aufnahme. Sie ist niemals Verweigerung oder ein Sich-Abkapseln.

Das gilt sowohl für die geschenkte wie auch für die empfangene Liebe. Wieviele Frauen werden durch einen herrschsüchtigen, manchmal sogar gewalttätigen Ehemann völlig «an die Wand gedrängt»! Wieviele Frauen fühlen sich von einem ständig «abwesenden» Mann «verlassen», selbst wenn er körperlich anwesend ist! Wieviele Männer werden durch ein alles besitzen wollende Frau gleichsam gelähmt, da sie ihnen in der Familie keinen Lebensraum gewährt! Was aber die Kind-Frau betrifft, die mit der Liebe des Mannes spielt, indem sie eine falsche Unterwerfung zur Schau stellt, so ist sie ohne Zweifel noch gefährlicher, denn die Unterwerfung, die sie spielt, verbirgt in den meisten Fällen eine Besitzgier, die, wenn sie auch nicht offen zutage tritt, doch nur um so größer ist.

Man muß aber sicherlich noch ein wenig weiter gehen; Papst Johannes Paul II. ermutigt uns hierzu in seinem Apostolischen Schreiben «Mulieres Dignitatem»: «In der Kirche ist jeder Mensch, Mann oder Frau, "die Gattin", weil er die Erlöserliebe Christi als ein Geschenk entgegennimmt und auch, weil er durch die Hingabe seiner Person darauf zu antworten sucht» (Nr. 25). Es geschieht nämlich im Mysterium der Frau, welches ein Mysterium der Entgegennahme der Liebe ist, daß jeder Mensch, ob Mann oder Frau, dem Herrn geweiht ist und die Gabe seiner Erlöserliebe entgegennimmt.

Paulus faßt zum Abschluß das Wesentliche zusammen: *Was euch angeht, so liebe jeder von euch seine Frau wie sich selbst, die Frau aber ehre den Mann* (Eph 5,33).

Dies ist das «große Geheimnis», das Paulus uns als Licht für die Ehe vor Augen stellt. Wir sind weit davon entfernt, den Text auf fundamentalistische und einengende Weise zu verstehen, wie es leider allzu oft geschieht, sogar in gewissen kirchlichen Kreisen. Es geht um etwas ganz anderes als darum, den Mann als einen «Baal», einen Gewaltherrscher, und die Frau als eine Sklavin darzustellen.

Wenn man jedoch auf subtilere Weise den Verstand und das rechte Urteilsvermögen dem Mann und die «Intuition» und das «Herz» der Frau zuordnet, dann entledigt man sich auf bequeme Art eines Problems, das in Wirklichkeit keineswegs so einfach ist... Niemand, weder die Männer noch die

Frauen, die ja beide nach dem Bilde Gottes geschaffen sind, dürfen so betrachtet werden, als ob sie davon befreit wären, intelligent zu sein, um nachdenken zu können, oder ein Herz zu haben, um zur Liebe befähigt zu sein. Anders und genauer ausgedrückt, könnten wir sagen, daß es für den Mann und die Frau eine je ihnen eigene Art und Weise gibt, den Verstand anzuwenden oder das Herz sprechen zu lassen..., wobei nicht zu vergessen ist, daß es auch intuitive Männer und kühl und besonnen nachdenkende Frauen gibt...

Dieser Widerspruch erklärt zum Teil, ohne daß sie damit gerechtfertigt wäre, jene Haltung des Mißtrauens, die viele unserer Zeitgenossen an den Tag legen, sobald die Kirche von Sexualität, Liebe und Ehe spricht. Die Folge ist, daß man unter dem Vorwand, «die Frau zu befreien» oder sich «der jüdisch-christlichen Tabus zu entledigen», zu allen möglichen Verirrungen gelangt, durch die so viele Ehepaare zerstört werden. Wir haben das Wort Gottes noch nicht in seiner ganzen Fülle ausgeschöpft. Daher müssen wir uns dazu entschließen, eine wirkliche, ernsthafte Schriftlesung zu halten und die Bibel nicht auf rein fundamentalistische oder rein kritische Art zu lesen. Nur der Heilige Geist «erforscht die Geheimnisse Gottes», *und er erleuchte die Augen eures Herzens, damit ihr versteht, zu welcher Hoffnung ihr durch ihn berufen seid, welchen Reichtum die Herrlichkeit seines Erbes den Heiligen schenkt...* (Eph 1,18).

Er war gehorsam (Pr 2,8)

Damit sind wir geradewegs beim Gehorsam angelangt, beim Gehorsam, so, wie er dem Evangelium entspricht. Gehorchen (lateinisch: ob-audire) bedeutet «auf die Begegnung mit jemandem hören». Es ist ein Widersinn, den Gehorsam auf die Unterwerfung des Sklaven zu reduzieren, der die Peitsche eines grausamen Herrn fürchtet, denn dies wäre ein Gehorsam, der nur der Angst entspringt. Jesus ist gekommen, uns von diesem Gottesbild eines despotischen, tyrannischen Herrschers zu befreien, indem er uns das Herz eines Vaters zeigte.

Verdienstvoll ist bereits der Gehorsam des guten und treuen Knechtes, der seinem Herrn ein blindes Vertrauen entgegenbringt. Jesus führt uns aber noch wesentlich weiter. Sein Gehorsam ist der des Sohnes, dem der Vater seinen ganzen Liebesplan geoffenbart hat und der eines Willens ist mit ihm. Da, wo der Knecht sagt: «Meister, ich bin einverstanden mit dem, was du willst», sagt der Sohn: «Vater, was du willst, das will auch ich, so ist es mein Wunsch.» *Niemand entreißt mir mein Leben, sondern ich gebe es aus freiem Willen hin* (s. Joh 10,18). Manchmal ist es ein rauher und schwieriger Weg, der des freien Gehorsams des Sohnes. *Obwohl er der Sohn war, hat er durch Leiden den Gehorsam gelernt...* (Hebr 5,8). Welch ein Mysterium ist es doch um die Fülle der Menschheit Jesu! Es ist diese Gemeinsamkeit des Willens in der Freiheit der Liebe, die den dem Evangelium entsprechenden Gehorsam ausmacht. Hierzu ist jeder Christ durch seine Taufe berufen, sei es auf dem Wege der Ehe oder dem des Ordenslebens, so wie Jesus die Kirche, seine Gattin, beruft.

Wir sind also zu einer radikalen Bekehrung aufgerufen, die wir Tag für Tag neu zu beginnen haben. Unter dem Hauch des Heiligen Geistes haben wir uns gegenseitig zu helfen, im Gehorsam vorwärtszuschreiten, das heißt, sowohl in der Gemeinschaft des Willens untereinander, als auch in der Gemeinschaft des Willens mit Gott. Dies ist der bevorzugte Weg, um die menschliche Liebe dem Evangelium anzugleichen. G. Thibon hat vor kurzem bei einem Interview (Famille Chrétienne, Nr. 809) sehr richtig bemerkt: «Meine Erfahrung hat mir gezeigt, daß man einander nicht nur heiratet, weil man liebt, sondern um zu lieben.» Stellen wir uns, jeder persönlich, und gemeinsam als Ehepaar, unter das Licht dieser Worte. Ja, wirklich, *dieses Geheimnis ist groß!* Es gibt uns unseren Standort in der Herzmitte der Liebe Gottes selbst, das heißt, im Herzen der Allerheiligsten Dreifaltigkeit.

Die Wege der Liebe

1. Das Gebetsleben in der Ehe

Ihr seid also jetzt nicht mehr Fremde ohne Bürgerrecht, sondern Mitbürger der Heiligen und Hausgenossen Gottes (Eph 2,19).

Diese Worte des heiligen Paulus führen uns mitten ins Herz des Mysteriums der Kirche und ihrer Beziehung zu den Menschen: hier ist *von der heiligen Stadt* die Rede, in welcher wir Vollbürger mit allen Rechten werden, *vom Hause Gottes,* in dem wir *lebendige Steine* sind, *von einer Familie,* zu der uns die Taufe den Zutritt verschafft, und *von einem Erbe,* von dem wir Besitz ergreifen. Jede durch das Sakrament der Ehe geweihte Heimstätte ist bereits eine Kirche im kleinen, das heißt, die Kirche, die wir in den ganz konkreten Lebensumständen bekunden; manchmal spricht man hier von der «Hauskirche»; diesen Ausdruck liebe ich sehr.

«Der Herr ist an diesem Ort, und ich wußte es nicht» (Gen 28,16)

Gott, der in Jesus keinen Ort hat, um sein Haupt auszuruhen, liebt es, in den Häusern der Menschen zu wohnen, wenn wir ihm nur unsere Türe öffnen wollen. Wir können in unseren Familien dazu beitragen, indem wir zunächst inmitten unseres Hauses einen Raum reservieren, wo Gott wohnen und ruhen, und sich, wie in Bethanien, zu Hause fühlen kann.

Eine zeitlang hatte ich Kindern den Katechismusunterricht zu erteilen. Anschließend führte ich diejenigen, die es wünschten, in die Gebetsecke unseres Hauses. Nach einigen einfachen, spontanen Gebeten vor einer Ikone, die von einer Kerzenflamme erleuchtet wurde, machten sie die Erfahrung des Schweigens. Ich sehe noch einen kleinen Jungen vor mir, rothaarig wie der König David, der mir eines Tages mit einem tiefen Seufzer der Zufriedenheit sagte: «Jetzt ist es wie bei Gott.» Dieses Kind, das nun ein Mann geworden ist, hat seinen Katechismus jetzt vielleicht vergessen, aber ich denke, er wird sich des Tages erinnern, da er verspürte, wie Gott *gleich einem leichten Windhauch* vorüberzog. Es hängt nicht von uns ab, die Zeit und den Ort zu wählen, wo unsere Kinder diese Erfahrung machen, unsere Aufgabe aber ist es, ihnen die Gelegenheit dazu zu bieten.

Der siebente Tag

Bei der Erschaffung der Welt hat Gott befohlen:

> *Lichter sollen am Himmelsgewölbe sein, um Tag und Nacht zu scheiden. Sie sollen Zeichen sein und zur Bestimmung von Festzeiten, von Tagen und Jahren dienen* (Gen 1,14).

Gott hat die Zeit zunächst für das Fest geschaffen. Er hat uns nicht dafür geschaffen, um am Tage zu arbeiten und in der Nacht zu schlafen, um dann am nächsten Tag besser arbeiten zu können. Wir vergessen, daß der erste Tag der Existenz des Mannes und der Frau — die am sechsten Tage erschaffen wurden —, der siebente Tag ist, der Sabbat-Tag des Herrn. Das bedeutet, daß wir zunächst dafür geschaffen worden sind, um in dic Ruhe Gottes einzutreten, in den Garten Gottes, wo er es liebt, mit dem Menschen zu sprechen (Gen 3,8), in die Freude Gottes, und um erst danach in dieser Welt zu arbeiten. Wir sind nicht dafür geschaffen worden, um unsere Sonntage in den Supermärkten zu verbringen...

Allzuoft sind wir der Ansicht, daß das Gebet uns dazu nützlich ist, anschließend besser unsere Arbeit zu verrichten. Wir verwechseln ständig das Ziel und die Konsequenz. In diesem Punkt haben wir eine Umkehr vorzunehmen. Wir wissen nicht mehr, was es heißt, die Zeit zu heiligen, Gott den ersten Anteil zu geben und danach in die Welt zu gehen, ihn zu lieben und ihm zu dienen, ausgehend von der Betrachtung der Freude des Herzens Gottes. Das haben wir in unseren Familien wiederzufinden: eine Zeit zu reservieren, die wir Gott schenken, eine Zeit für das Fest. Auf diese Weise heiligen wir Tag für Tag die Zeit, und unsere Kinder lernen es, in einer Zeit zu leben, die ihre Struktur wiedergefunden hat. Anstelle vieler zusammenhangloser Eindrücke machen sie die Erfahrung, eine Vergangenheit und eine Zukunft zu haben, und also eine heilige Geschichte.

Was machen wir aus unseren Sonntagen? Ist das für uns die Zeit, all das aufzuarbeiten, was die Woche über liegengeblieben war, wo ununterbrochen die Waschmaschine läuft? Die Sonntagsheiligung ist kein abstraktes Gesetz, sie ist der Rhythmus, der unsere Familien strukturiert, sie verkündet das Fest, die Freude, beieinander zu sein und uns gemeinsam an Gott zu erfreuen. Ich erinnere mich auch noch an diesen Jungen, der nach dem Katechismusunterricht vor Freude umhersprang und mir sagte: «Ich bin so froh mit Gott.» Wir haben alle den Zugang zur Festfeier neu zu entdecken, und das gilt besonders für uns Frauen. In Israel kommt es der Herrin des Hauses zu, die Sabbat-Feier zu eröffnen, indem sie das Licht herbeibringt; es ist die Aufgabe der Frau, den Mann in die Ruhe Gottes einzuführen.

Haben wir ein wenig Erfindungsgabe? Es gibt kein Fest ohne die Freude, es miteinander zu teilen. Denken wir an unsere Priester, die den ganzen Sonntagmorgen von Messe zu Messe geeilt sind, und die sich nun allein in ihrem Pfarrhaus befinden? Besitzen wir diesen Spürsinn der Liebe, der uns am Sonntag diejenigen finden läßt, die dann noch mehr allein sind als sonst, die Armen, die Kranken? Manche Gebetsgruppen haben für den Sonntag «offene Türen» vorgesehen. Es kann kommen, wer will, und man kann auch mitbringen, wen man will, nur ganz einfach, um beisammen zu sein, ohne irgend jemanden für sich gewinnen zu wollen. Ich kenne jemanden, der durch diese Initiative vom Selbstmord bewahrt worden ist. Das erfordert natürlich, daß man bereit ist, sich vom weltlich-oberflächlichen Geiste zu befreien.

Die Armen verstehen es, Feste zu feiern, wo wir oft nichts weiter als großen «Rummel» zustandebringen.

Ich bin ein wenig in Angst um diese Kinder, denen man unter dem Vorwand der Einfachheit jede Festfeier genommen hat: «Am Tage, wo du bereit bist und wo du es wünschst, kannst du zur heiligen Kommunion gehen, es ist nicht nötig, deshalb ein weißes Kleid anzuziehen und eine festliche Mahlzeit zu halten an diesem Tag.» Um wirklich leben zu können, hat das Kind es aber nötig, von Fest zu Fest zu schreiten. Von Fest zu Fest, wir alle müssen es lernen, in der Gegenwart Gottes und in der Einfalt des Herzens zu wandeln und so das Leben und den Tod zu betrachten.

Mein Mund wird dein Lob verkünden

Es ist gut, wenn das Ehepaar sich jeden Morgen eine gewisse, wenn auch nur kurze Zeit reserviert für das gemeinsame Gotteslob, um der Liebe Gottes zu gedenken, die uns die ganze Nacht bewahrt hat und uns nun am Beginn dieses Tages hat aufstehen lassen.

«Ich preise dich, Herr, denn die Kraft deiner Auferstehung und die Gabe deines Heiligen Geistes haben mich wach werden lassen, um meine Brüder zu lieben und um ihnen zu dienen. Ich preise dich, daß deine Barmherzigkeit mich umgibt und mich während des ganzen Tages begleiten wird.»

Wenn wir nicht die Zeit haben, die Laudes, das kirchliche Gotteslob am Morgen, zu verrichten, dann können wir doch gemeinsam das Loblied des Zacharias sprechen: *Gepriesen sei der Herr, der Gott Israels! Denn er hat sein Volk besucht und ihm Erlösung geschaffen...* (Lk 1,68) oder ein anderes Lobgebet, das uns zu Herzen spricht. Ja, wie immer auch der Tag sich gestalten wird, ich habe die Gewißheit, daß die Treue Gottes mich begleiten wird, und im voraus will ich ihn dafür preisen. Wenn in den Klöstern die Mönche in einer Prozession voranschritten, dann sangen sie: «Procedamus in pace, in Nomine Domini», «Nähern wir uns im Frieden, im Namen des Herrn.» Selbst wenn wir nichts anderes beten als dies, so wollen wir es doch beten, und zwar miteinander. Wenn wir einmal in die große Ruhe Gottes eingegangen sind, dann wird die Arbeit aufhören, das Gotteslob aber wird weitergehen. Die Aufgabe der Kirche besteht zunächst darin, das Gotteslob zu verkünden: *Ihr aber seid... ein Volk, das sein besonderes Eigentum wurde, damit ihr die großen Taten dessen verkündet, der euch aus der Finsternis in sein wunderbares Licht gerufen hat...* (1 Petr 2,9). Das Lobgebet ist die eigentliche Aufgabe jeder Zusammenkunft der Getauften, und also auch jeder christlichen Familie.

Haben wir es uns zur Gewohnheit gemacht, Gott gemeinsam als Ehepaar zu loben und ihm zu danken für unsere Kinder, für unsere Eltern und Angehörigen, für den Ehegefährten, den er uns gegeben hat?

Der Herr segne dich und behüte dich (Num 6,24)

Das Abendgebet ist zunächst ein Reuegebet. Die Reue ist das Gegenteil von Schuldgefühlen. Bei den Schuldgefühlen denken wir nur an uns selbst, und wir betrachten unsere Sünde voll Traurigkeit und oft voll Enttäuschung. Ich hatte mich doch für besser gehalten als das... Die Reue aber läßt uns die Liebe Gottes betrachten, der uns heilen und uns verzeihen will, sie läßt uns daran denken, daß unsere Sünde gleichsam eine dem Herzen Gottes zugefügte Wunde ist, aus welcher das Blut und das Wasser der Barmherzigkeit fließen.

Das Abendgebet ist eine Danksagung für die Treue Gottes, in der wir den ganzen Tag geführt und bewahrt werden sind. Wir benehmen uns oft wie verwöhnte Kinder, die es ganz normal finden, daß sie von Liebe umgeben sind, und die so schnell bereit sind zu glauben, daß das alles ihnen geschuldet wird. Wir wissen nicht mehr «danke» zu sagen. Das ist keine Pflicht der Höflichkeit, das ist ein Aufschwung des Herzens, der unmittelbar zum Herzen Gottes gelangt.

Das Abendgebet, das ist auch der Augenblick, wo man sich gemeinsam wiederfindet unter Gottes Blick. Es ist der Augenblick, einander um Verzeihung zu bitten, nicht notwendigerweise mit vielen Worten, sondern in der Bereitschaft, einander mit klarem Blick in die Augen zu sehen. Ja, heute abend kann ich dich nicht anschauen, ich verberge mich vor deinem Blick, denn ich habe etwas gegen dich... Betrachten wir uns unter Eheleuten in der Klarheit der Liebe? Durch einen solchen Blick gibt man sich einander hin, mehr noch als durch das Wort. Wenn in gewissen Augenblicken das Wort nicht mehr möglich ist, dann bleibt immer noch der Blick. Ganz einfache Gesten genügen. Das Leben mit Gott ist etwas so einfaches, wenn wir den Heiligen Geist in uns aufnehmen, der uns die tiefe Bedeutung der alltäglichsten Dinge zeigt, denen wir am Tage begegnet sind, und der uns dazu hinführt, sie in der Fülle zu leben und sie Gott darzubringen.

Das Abendgebet ist das Gebet der Hingabe an die Barmherzigkeit des Vaters, zusammen mit Jesus und mit Maria. Während wir in den Schlaf hinübergleiten, wollen wir jede Kontrolle unseres eigenen Lebens loslassen und uns einander den Händen Gottes übergeben. Ich liebe ganz besonders das Gebet der Kirche, die uns mit dem greisen Simeon sprechen läßt: *«Nun läßt du, Herr, deinen Knecht, wie du gesagt hast, in Frieden scheiden...» Nun kannst du mich ruhen lassen* (vgl. Lk 2,29). Ja, im Vertrauen kann ich das Gebet Jesu sprechen: *«Vater, in deine Hände lege ich meinen Geist»* (Lk 23,46), ich vertraue mich dir an, ich überlasse mich dir, daß du mich bewahrst. Ich weiß, daß mir nichts Böses widerfahren kann; deinen Händen übergebe ich mich. Ich gebe dir meine Sünde, weil du sie getragen hast, ich gebe dir meine Leiden, weil du sie auf dich genommen hast, ich gebe dir meine Freuden, weil du sie mir gegeben hast, ich gebe dir mein Leben, weil du mir das deinige gibst, o Auferstandener! Ich weiß, daß «deine Barmherzigkeit morgen noch vor der Sonne aufgehen wird», heißt es in einer frühen chaldäischen Liturgie. So lernen wir Tag für Tag zu sterben, das heißt, zum Vater hinüberzuschreiten.

So kann der Segen Gottes über uns kommen. Geben wir einen Ehrenplatz jenem Gebet, das der Herr selbst den Moses einst lehrte, und das in Israel von Generation zu Generation weitergegeben wird:

> *Der Herr segne dich und behüte dich!*
> *Der Herr lasse sein Angesicht über dich leuchten und sei dir gnädig.*
> *Der Herr wende sein Angesicht dir zu und schenke dir Heil* (Num 6, 24-26).

Wie könnten wohl Kinder, die von ihren Eltern Tag, für Tag gesegnet werden, nicht zu aufrechten Menschen heranwachsen?

Bittet, dann wird euch gegeben (Mt 7,7)

In gemeinsamen Schwierigkeiten rufen wir zu Gott wie ein Kind zu seinem Vater. Das Bittgebet ist nicht das Gebet eines Sklaven, sondern das des Sohnes. Selbst wenn es sich um materielle Schwierigkeiten handelt, sind wir dazu aufgerufen, uns gemeinsam Gott, unserem Vater, zuzuwenden und ihm die Sorgen unseres Lebens zu überlassen.

Im Gleichnis vom Sämann (Mk 4, 18-20) spricht Jesus vom Samenkorn, das unter den Dornen aufgewachsen ist, von denen es schließlich erstickt wird, und er erklärt, daß diese Dornen unter anderem *die Sorgen des Lebens* sind. Wir alle gemeinsam, als Ehepaar und vielleicht noch mehr mit den Kindern, wir haben einander zu helfen, um Gott die Sorgen unseres Lebens zu übergeben. Das heißt allerdings nicht, daß wir ihnen nicht mehr kühn entgegenzutreten hätten, aber wir sollen es tun im Vertrauen und nicht in der Angst. Oft sind materielle Entscheidungen zu treffen. Ehe wir uns aber vor unsere Rechnungsbücher setzen — und das muß natürlich getan werden —, wollen wir all diese Dinge Gott unterbreiten, weil er unser Vater ist, und weil *er weiß, was wir nötig haben.* Das Bittgebet ist die Verbindung zwischen unserem Leben in all dem, was es an materiellen Dingen beinhaltet, und der Gegenwart Gottes in allem und überall.

Man muß den Mut haben, bei der Bitte noch weiter zu gehen, wenn es sich darum handelt, für andere Fürbitte einzulegen. Als der heilige Paulus von Mischehen zwischen einem gläubigen und einem nicht-gläubigen Teil spricht, gebraucht er Worte, die bei weitem diese soziologische Gegebenheit seiner Zeit überschreiten. Er schreibt: *Der ungläubige*

Mann ist durch die Frau geheiligt, und die ungläubige Frau ist durch ihren gläubigen Mann geheiligt (1 Kor 7,14). Wenn die Eheleute gemeinsam beten, erleben sie eine sehr starke Erfahrung der Gemeinschaft der Heiligen: Jeder hat eine bevorzugte Gnade — und Aufgabe — der Fürsprache für den Ehegefährten. Ich denke hier besonders an geschiedene Ehepartner, denen ich begegnet bin, und die nicht aufhörten, immer wieder für den anderen zu beten, für den oder die, von denen sie verlassen worden sind, und die dann Versöhnungen erleben durften, die wirklich «wunderbar» zu nennen sind. Aber auch abgesehen von diesen Ausnahmefällen wird im täglichen Leben die Fürsprache füreinander immer erhört, und diese Form des bevorzugten Gebetes trägt oft ganz unerwartete Früchte, ich kann es selbst bezeugen. Ebenso ist es beim Gebet des Ehepaares für die Kinder.

Geh' in deine Kammer (Mt 6,6)

Oft werde ich über das Gebet in der Familie befragt. Es ist von großer Wichtigkeit, denn ebenso wie die große Kirche, so hat auch unsere kleine Hauskirche den Auftrag, für die ganze Welt zu beten. Es ist uns vielleicht bewußt, wie dringend notwendig es ist, die Kraft des Gebetes für die Welt und den Frieden einzusetzen. Vielleicht wagen wir es nicht, für die großen Anliegen der Menschheit zu beten, wie zum Beispiel für die Forscher, die den Krebs oder die Aids-Krankheit zu heilen suchen, für die Politiker, für dieses oder jenes Land, das uns im Fernsehen gezeigt wird, wo Hungersnot und Verwüstung herrscht. Wir Christen haben — davon bin ich überzeugt — die wesentliche Sendung zu erfüllen, für die ganze Welt zu beten, damit die Ärzte ein Heilmittel gegen den Krebs und die Aids-Krankheit finden und damit die Politiker Friedensstifter werden können, wie es dem Evangelium entspricht. Ich glaube, wir werden uns dessen nicht oft genug bewußt. Wir bleiben allzu leicht dabeistehen, nur an unsere eigenen Bedürfnisse oder die unserer sozialen Gruppe zu denken.

Ich möchte allerdings, was das Familiengebet betrifft, einige Vorbehalte zum Ausdruck bringen. Wie bei jeder regelmäßig wiederkehrenden Handlung, so besteht auch hier das Risiko der durch die Gewohnheit herbeigeführten Erstarrung im Ritualismus. Manchmal ist es besser, nur zwei- oder dreimal in der Woche oder nur am Sonntag in der Familie zu beten. Jede Familie muß hier ihren Rhythmus finden, das Wichtigste ist, daß das Gebet «für Gott» verrichtet wird, in der Wahrheit, als eine Zeit, die ihm wirklich geweiht ist. Wir bemühen uns oft, es im Zusammenhang mit der Glaubenserziehung unserer Kinder zu verrichten und verwechseln dabei wieder einmal das «Ziel» und die «Konsequenz». Ich denke an die Bemerkung einer orthodoxen Familienmutter, als von der Katechese der Kinder die Rede war: «Ihr Katholiken versucht, Gott in Reichweite der Kinder zu bringen, wir hingegen versuchen, die Kinder in Reichweite Gottes zu bringen...» In der Familie wie auch beim liturgischen Gebet, privat und in der Öffentlichkeit: Gott ist Gott.

Vor allem aber ersetzt das Familiengebet weder für die Eltern noch für die Kinder das persönliche Zwiegespräch mit Gott im Schweigen des Herzens. Im Gegenteil, es muß zu ihm hinführen. Ich denke dabei an eine meiner Töchter, die damals drei oder vier Jahre alt war: Eines Abends kam ich in ihr Zimmer, um mit ihr zu beten; da nahm sie mich bei der Hand und führte mich zur Türe, indem sie sprach: «Man muß die Leute allein lassen, wenn sie beten...» Das Familiengebet ist ebensowenig ein Ersatz für das Gebet und den spirituellen Dialog des Ehepaares.

Ich gehe sogar noch ein wenig weiter. Für Gott wird das Ehepaar aus zweien seiner Kinder gebildet, die in Übereinstimmung miteinander leben, aber nicht in einer Art Fusion oder Verschmelzung, mag sie auch spiritueller Natur sein. Unsere persönliche Beziehung zu Gott steht an erster Stelle. Manchmal bleibt die Frau bei den Kindern, um ihrem Mann eine Zeit des Schweigens mit Gott zu ermöglichen oder eine Art geistlicher Exerzitien —, und umgekehrt natürlich. Das gemeinsame Gebet wird daraus Nutzen schöpfen.

Unter Eheleuten besteht manchmal die Versuchung, eifersüchtig zu sein auf das, was zwischen Gott und dem Ehegefährten geschieht, mag diese Versuchung auch mehr oder weniger unbewußt sein. Ich habe in meinem Inneren eine Art uneingestandener Angst, daß Gott ihn mir nehmen könnte. Eines Tages aber habe ich zu erkennen, daß Gott größer ist als das Ehepaar und daß mein Ehegefährte mir nicht gehört.

Haben wir doch den Mut, der Tatsache klar ins Auge zu sehen, daß es für uns manchmal nicht möglich ist, in das Mysterium des anderen einzudringen. Dies ist das Fundament der geistlichen Gemeinschaft unter Ehegatten. Wir sind manchmal Opfer einer falschen Auffassung von der Transparenz. Hier handelt es sich nicht um eine Pflicht, sondern um das sehr kostbare Mitteilen der Gabe Gottes in mir, ein Mitteilen, das nur in privilegierten Augenblicken frei geschenkt werden kann, weil es die Frucht der Liebe ist.

Es ist keineswegs sicher, daß Maria dem Josef ihr Geheimnis mitgeteilt hat, und Josef hat das Schweigen Mariens respektiert, ungeachtet seiner Verwirrung, und dennoch —, welch eine tiefe Gemeinschaft muß zwischen ihnen bestanden haben! So kann es im ehelichen Leben zu gewissen Zeiten vorkommen, daß der eine einen Weg der Wüste und der Finsternis durchschreitet, während der andere ein stummer und betender Zeuge davon ist, wohlwollend, aber schweigend, und ohne recht zu verstehen, was da vor sich geht.

Manchmal ist es möglich, diese Dinge einander mitzuteilen, und dann erfahren wir, daß der andere eine Art besonderer Gnade erhalten hat, um Licht und Frieden zu vermitteln. Manchmal ist es jedoch unmöglich, und es ist so, als ob Gott selbst eingreifen würde, um uns zu trennen, indem er zwar den einen, nicht aber den anderen beruft, bei der Gabe der Gebetsgnaden zum Beispiel. Es ist nicht immer leicht, sich hier in der rechten Weise zu verhalten. Die Versuchung kann groß sein, den anderen auf einen Weg führen zu wollen, der nicht der seinige ist, oder im Gegenteil zu sagen: «Herr, ich kann dir nicht folgen, sonst gibt es einen Abstand zwischen uns...» Das ist oft ein unechtes Problem, das unser spirituelles Leben zu lähmen vermag. Gott reinigt, aber er zerstört nicht, er weiß, wohin er uns führt, er nimmt niemals das zurück, was er gegeben hat. Solche Augenblicke sind die Zeit des Glaubens, des erneuerten Vertrauens, zunächst des Vertrauens auf Gott und danach in den Ehegefährten, in großer Ehrfurcht vor dem anderen und den Wegen Gottes. Es ist auch die Zeit, um ganz besonders zu Maria und Josef zu beten.

Vielleicht kann dann auch die Versuchung auftreten, in etwa das Leben der Engel führen zu wollen und dem ehelichen Leben in seiner fleischlichen Dimension zu entfliehen. Was diesen Punkt betrifft, so gibt uns der Apostel Paulus einen Rat von großer Weisheit:

> *Entzieht euch einander nicht, außer im gegenseitigen Einverständnis und nur eine Zeitlang, um für das Gebet frei zu sein. Dann kommt wieder zusammen...* (1 Kor 7,5).

Aus einer solchen Prüfung aber, die manchmal sehr schmerzhaft durchlebt wird, geht die Gemeinschaft der Ehegatten erneuert und ganz wesentlich vertieft hervor...

Daher ist es wichtig, daß die Ehepaare, die auf dem Weg des spirituellen Lebens weiterkommen wollen, von älteren Brüdern und Schwestern begleitet werden, und ich weiß, wie schwierig das sein kann. Es ist gut, eine Hilfe zu haben, um die Wege zu verstehen, auf denen Gott unsere Ehe geführt hat und sich der Augenblicke zu erinnern, wo der eine dem anderen Halt und Stütze gewesen ist in Zeiten der Wüste und der Nacht, aber auch der Freude und der Gnade, und an all das zu denken, was uns Tag für Tag zu einer immer geschwisterlicheren und immer tieferen Gemeinschaft führt. Ja, auch die Ehe ist ein «mystisches» Abenteuer, da sie uns mitten in das Mysterium Gottes geleitet.

Stellen wir uns also die Frage: Wie steht es mit unserem geistlichen Leben und mit meinem persönlichen, das untrennbar damit verbunden ist? Betrachte ich es als meinen Privatbereich, als einen Zufluchtsort, wohin ich mich zurückziehen kann, oder ist es die Herzmitte unseres gemeinsamen Lebens, in der Transparenz auf Gott?

Im Himmelreich wird es keine sexuellen Beziehungen mehr geben und auch *keine Heirat mehr* (vgl. Lk 20, 27-40), wenn wir alle Söhne und Töchter der Auferstehung sind. Die privilegierte spirituelle Gemeinschaft zweier Gotteskinder, die Tag für Tag in unseren Ehepaaren Gestalt gewinnt, wird aber niemals vergehen. Das hat Gott versprochen, denn auch für ihn vergeht die Liebe nie.

2. Die Wege der Liebe

Im Ritual des Ehesakramentes wird den Brautleuten die Wahl zwischen zwei Formulierungen gelassen, um ihrem Bund Ausdruck zu verleihen. Die eine von ihnen bekräftigt ihr Engagement mit den Worten: «Ich empfange dich als Gatten (Gattin), und ich gebe mich dir hin, damit wir in Treue einander lieben, sowohl im Glück wie auch in den Prüfungen, und damit wir einander ein Halt sind, das ganze Leben lang.»

Diese Formulierung scheint mir mit Realismus der Tatsache Rechnung zu tragen, daß die Reifung der Liebe in der Ehe gelernt werden muß. Das geht nicht immer mit einer Blume in der Hand; wenn aber Freude und Leid miteinander getragen werden, dann vertieft sich die Liebe zueinander in immer fortschreitendem Maße, während des ganzen Ehelebens.

Ohne Zweifel besteht die doppelte Versuchung der modernen Ehepaare darin, entweder ganz naiv zu glauben, «daß es keinerlei Probleme gibt», weil man sich auf sexuellem Gebiet versteht, oder aber davon überzeugt zu sein, daß es bei der ersten Schwierigkeit endgültig Schluß ist mit der Liebe und daß nichts weiter als die Trennung übrigbleibt.

Man verwechselt allzuschnell eine Krise der Entzweiung mit einer Krise des Wachstums. Eine Wachstumskrise aber ist unvermeidlich, so ist es das Gesetz jeglichen Lebens; es ist sehr wichtig, sie ernst zu nehmen, aber keine Tragödie daraus zu machen, und hier muß ganz besonders die göttliche Gnade entgegengenommen werden, durch die *Gott bei denen, die ihn lieben, alles zum Guten führt* (Röm 8,28).

Jedes Ehepaar hat seine eigene Geschichte und seine eigene Art und Weise, mit seinen Problemen fertig zu werden. Ich bin jedoch der Ansicht, daß sich einige Anhaltspunkte markieren lassen, daß man beispielsweise sagen kann: «Achtung, Kurve!» oder sogar: «Achtung, Glatteis!», denn es ist niemals ausgeschlossen, daß man ins Schleudern gerät.

Ich möchte einige dieser wesentlichen Etappen des ehelichen Lebens aufzeigen, wie sie die meisten Ehepaare früher oder später kennenlernen. Natürlich werde ich nicht auf Einzelfälle eingehen, ebensowenig werde ich mich übermäßig mit dem psychologischen Aspekt der Dinge beschäftigen. Ich glaube, daß man diesen Gesichtspunkt nicht allzusehr in den Vordergrund rücken darf, so wichtig er auch ist. Man hat in seinem Eheleben nicht alle Probleme gelöst, wenn man einen Eheberater aufgesucht hat (obwohl das oft notwendig und heilsam ist).

Die Ebene nämlich, auf der sich der wirkliche Kampf vollzieht, ist spiritueller Natur. Ich spreche hier von Ehepaaren, die das Ehesakrament ernst nehmen, und die ihren Bund nicht nur miteinander, sondern auch mit Gott geschlossen haben. Das Ehesakrament ist eine Art «Laboratorium» der Liebe, weil es ein Bild und ein Zeichen der Liebe Gottes zu seiner Gattin, der Kirche, ist, aber auch für jeden von uns. Mit hochzeitlicher Liebe werden wir nämlich alle geliebt, und zur Hochzeit im Gottesreich sind wir unterwegs. Die im Zölibat Geweihten verkünden es schon heute in unserer Welt, die Verheirateten haben es auf einem langen und manchmal mühevollen Weg Gestalt gewinnen zu lassen.

Daher haben die Krisen des Ehelebens eine wesenhaft spirituelle Dimension und Tragweite, und vielleicht sind wir uns dessen nicht genügend bewußt. Durch die Freuden und Leiden unseres Lebens hindurch sagt Gott sich aus, und er hat uns etwas zu sagen.

Die erste Liebe (Offb 2,4)

Die Brautzeit ist sehr wichtig für die Zukunft eines Ehepaares. Der Freudenruf Adams, als er Eva sah, kennzeichnet dieses Hingerissen-Sein der Liebe angesichts des anderen, der gleichzeitig einmalig und geschwisterlich ist. In diesem Ruf der ersten Liebe hat das spätere eheliche Leben seine Wurzel, ebenso wie der Elan, sich dem anderen hinzugeben, der es später ermöglichen wird, das tägliche Leben mit Schwungkraft zu erfüllen.

Es gehört zur Pädagogik Gottes, uns am Anfang des Weges das erfahren zu lassen, wozu wir unterwegs sind. Dann aber muß der Weg auch beschritten werden. So machen die Apostel, ehe sie nach Jerusalem hinaufsteigen, auf dem Berge der Verklärung die Erfahrung des Lichtes der Auferstehung auf dem Antlitz Christi, um danach die Tage der Passion ertragen zu können, ohne das Herz und den Glauben zu verlieren. Dies ist die Aufgabe der Tröstungen am Anfang des geistlichen Lebens.

Ebenso ist es in der Ehe. Man sagt manchmal, daß die Liebe blind ist... Ich glaube im Gegenteil, daß sie in dieser Anfangsphase ganz besonders hellsichtig ist: *Sie waren nackt, aber sie schämten sich nicht voreinander.* Jeder betrachtet den anderen mit den Augen Gottes, in dem, was ihm ganz persönlich zu eigen ist in seiner ihm eigenen Schönheit, so, wie er am ersten Morgen der Welt aus den Händen Gottes hervorgegangen war.

Wenn man auf diese Weise «erkannt» und geliebt wird, dann kann man zu dem werden, der man in Wirklichkeit ist. Darum ist es sehr gewagt, die Ehe in erster Linie auf der fleischlichen Vereinigung aufzubauen, und man muß den Mut haben, das zu sagen. Die sexuelle Anziehungskraft ist sehr groß, und daher besteht die Gefahr, alles auf die damit zusammnhängende Lust zu konzentrieren, sonst an nichts mehr zu denken und den Partner auf allen anderen Ebenen gar nicht zu entdecken. Das Risiko ist groß, sich dann Illusionen über die Realität der Liebe zu machen, wie man sie erfährt, und so die Zukunft des zukünftigen Ehelebens zu gefährden.

Die Brautzeit ist vielerlei Versuchungen ausgesetzt.

Zunächst die Versuchung des «alles, und alles sofort». Es besteht die Gefahr zu glauben, daß alles bereits erreicht ist, während alles in Wirklichkeit erst beginnt. Die Keuschheit ermöglicht es der Sehnsucht, reif zu werden.

Es kann auch die Versuchung bestehen, mehr in die Liebe verliebt zu sein als in eine lebendige Person; zu glauben, daß man den anderen liebt, während man in Wirklichkeit die verliebte Gefühlsregung liebt, deren Vermittler der andere ist. Dieses Risiko kann besonders bei solchen Brautleuten bestehen, die allzu idealistisch sind. In solchen Fällen erlaubt es die Keuschheit, die Emotionen zu vertiefen, die Liebe Wurzeln schlagen zu lassen, ohne ihren Elan zu brechen, denn die wahre Liebe kann sich nicht anders entfalten als in der Konfrontierung mit den Anforderungen des täglichen Lebens.

Viele junge Leute lassen sich auch von der Angst beeinflussen, sich vorbehaltlos zu engagieren. Es ist wahr, die heutige Generation versteht es nicht mehr, mit der Zeit umzugehen, und es hält ihr schwer, Pläne und Entschlüsse für die Zukunft zu fassen. Es stimmt auch, daß die moderne Kultur uns einredet, Wünsche und Vergnügen sofort zu realisieren und daß sie uns die Ungebundenheit als den einzigen Weg zur Selbstverwirklichung vor Augen stellt. Ihnen schlägt die Kirche vor, eine Liebe, die nicht in Erscheinung zu treten wagt, von der Hoffnung leben zu lassen. Niemand ist fähig, ohne die Gnade Gottes bis zum Ende zu lieben. Die Kirche wiederholt unaufhörlich das gleiche Lied: Gott schließt einen Bund mit denen, die sich lieben, und mit ihm ist das «für immer» möglich. Die Selbstverwirklichung vermag sich nur dann zu entfalten, wenn man sie nicht für sich selber sucht. Sie ist an die Hingabe des eigenen Ichs gebunden und tritt nicht trotz der Enttäuschungen und Opfer, sondern durch sie hindurch in Erscheinung.

Ich bin auch einer gewissen Zahl von Jugendlichen begegnet, die mit mehr oder weniger bewußten Schuldgefühlen leben, weil sie bereits diese oder jene Erfahrungen gemacht haben, ehe sie einer wahren Liebe begegnet sind. Daher haben sie eine Art Angst vor dem Glück. Einer von ihnen sagte mir einmal: «Ich verdiene es nicht, glücklich zu sein...» Der Herr kommt dann, um uns zu sagen, daß das Glück möglich ist, denn für Gott ist niemals etwas endgültig verloren. Wir wissen, *daß Gott bei denen, die ihn lieben, alles zum Guten führt* (Röm 8,28). Unsere persönliche Geschichte ist eine heilige Geschichte. Die Verzeihung und Barmherzigkeit Gottes sind unendlich viel größer als alle unsere Sünden; sie können uns immer wieder aufrichten, wenn wir sie nur entgegennehmen wollen. «Du kannst wiedergeboren werden», unter der Bedingung, daß du einverstanden bist, dich lieben zu lassen; die Liebe kann man nicht kaufen, sie ist immer ein Geschenk.

Es wäre noch über jene zu sprechen, die ganz kategorisch die Frage stellen: «Wie kann ich mit Sicherheit wissen, daß es gerade dieser junge Mann, diese junge Mädchen ist, den oder die Gott für mich erwählt hat?» Hierauf antworte ich, daß immer ein Risiko damit verbunden ist, wenn man liebt! Ich sage aber auch: «Wenn es dich drängt, dein Leben hinzugeben, damit dieser Junge, dieses Mädchen das ihrige zur Entfaltung bringen kann, dann besteht die Aussicht, daß die Wahl die richtige war...»

Von der Fusion zur Gemeinschaft

In der ersten Zeit der Ehe (ich spreche hier von einer «Liebesehe» und nicht von einer «Interessengemeinschaft», wo die beiden nur am Gefühlsleben interessiert sind, wo jeder das Vergnügen sucht oder auch die Unabhängigkeit) macht das Ehepaar recht oft die Erfahrung, daß die Liebe sie miteinander verschmelzen läßt: Sie haben den Wunsch, alles gemeinsam zu tun, alles miteinander zu teilen. Es kann sogar dahin führen, daß man nicht mehr allein beten kann. Jeder versucht, sich dem Traum des anderen anzugleichen oder dem Modell «eines idealen christlichen Ehepaares» zu entsprechen. Es ist aber so, wie Kardinal Daneels es einmal formulierte: «Man kann nicht immer auf den Zehenspitzen gehen, sonst bekommt man Krämpfe.» Die Anforderungen und Schwierigkeiten des täglichen Lebens sind dazu da, die Liebe von allen Illusionen zu reinigen.

Dann entsteht das, was viele für eine schwere Krise halten («die Krise des siebenten Ehejahres»), die in Wirklichkeit nichts anderes ist als die Tatsache, daß man die Dinge vollbewußt mit den Augen der Wahrheit betrachtet, wodurch der Liebe des Ehepaares ein besseres Wachstum ermöglicht wird. Ich werde mir bewußt, daß ich mich nur dann ihm (oder ihr) völlig anvertraue, wenn ich in Schwierigkeiten bin, ich fühle mich allein und unverstanden, ich erkenne, daß das gemeinsame Leben Opfer verlangt, die ich keineswegs zu bringen bereit bin, ich sehe, daß ich für den anderen nicht mehr «das ein und alles» bin..., und das ist beiderseitig der Fall! Kurz, irgendwo in meinem Inneren fühle ich mich enttäuscht und gedemütigt. Die Angst, einen falschen Weg eingeschlagen zu haben, schnürt mir manchmal das Herz zusammen, und ich mache den anderen dafür verantwortlich.

Die große Versuchung ist die der «Klarsichtigkeit»: ... «Jetzt kenne ich dich gut, ich mache mir keine Illusionen mehr.» Von dieser kalten Klarsicht bis zur Anklage ist es nicht mehr weit. Erinnern wir uns an Adam und Eva nach dem Sündenfall... Ich beschäftige mich ständig mit meinem Groll, mit meiner Enttäuschung: «Sie weiß nicht, was los ist»... «Er redet nicht...» Die Fusion ist zerbrochen, was aber bleibt von der Liebe?

Außerdem fehlt es mir an der Zeit, «Seelenzustände» zu haben... Die Sorgen des Lebens sind da. Das ist jetzt die Zeit, mich in die Arbeit zu stürzen..., wenn ich das Glück habe, Arbeit zu haben... Da ist die Wohnung, sie muß bezahlt werden..., oder ich muß eine finden... Die Kinder lassen uns in der Nacht nicht ruhig schlafen..., und jeder tut so, als ob er schliefe, damit der andere aufsteht.

Dann streiten wir uns um nichts und wieder nichts. Wir werden einander fremd. Oder aber jeder versucht, seinen Privatbereich zu retten. Oder ich verzichte darauf, mich herumzuschlagen und verheimliche die Konflikte. Oder wir entschließen uns, noch ein Kind zu haben, in der Hoffnung, daß damit ein Neubeginn möglich wird. Ich bin geteilt zwischen der Anklage des anderen und dem Schuldgefühl: Haben wir alles falsch gemacht...? Wie so viele andere? Besteht nun die Lösung nicht einfach darin, aus der Erfahrung zu lernen und anderswo auf andere Weise neu zu beginnen...? Es sei denn, ich resigniere, indem ich meine eigenen Interessen suche und mein Leben in meine Kinder, meine Karriere, die materiellen Güter usw. investiere. «So ist es halt im Leben...!»

Gerade hier erwartet uns Gott, um uns das Wesentliche zu zeigen: Um eine Gemeinschaft zu sein, braucht es zwei…, *zwei in einem einzigen Fleisch* (s. Mk 10,8), und nicht «einer in einem einzigen Fleisch». Er will uns lehren, daß jeder einmalig ist und Träger seines eigenen Mysteriums…, daß es unmöglich ist, den anderen bis auf den Gesund kennenzulernen, denn es gibt keinen Grund…, daß die Ehrfurcht vor dem Mysterium des anderen der einzige Weg zur wahren Erkenntnis ist…, daß der andere letztenendes zuerst Gott gehört und dann erst mir, und daß der Herr es ist, von dem ich den Partner Tag für Tag empfangen darf und ihn anzunehmen habe, so, wie er ist, und nicht so, wie ich ihn mir wünsche…, daß ich nicht die Hand auf ihn legen darf, sondern daß ich mich ihm alle Tage in Zärtlichkeit «zu vermählen» habe…

Man muß Mittel und Wege finden, um einander wirklich in der Tiefe zu begegnen, einander die auf einem lastenden Schwierigkeiten mitzuteilen, ohne den anderen anzuklagen. So darf man zum Beispiel nicht sagen: «Du hast mich verletzt, als du mir dies und jenes sagtest», sondern: «Ich habe mich verletzt gefühlt, als du mir dies und jenes sagtest.» Man muß mit dem anderen teilen wollen. Dies ist eine Zeit, wo das Gespräch zwischen den Ehegatten unerläßlich ist, während die Versuchung darin besteht, sich schweigend abzukapseln.

Manchmal ist es leichter, in Gegenwart eines Dritten zu sprechen, eines befreundeten Ehepaares, eines Priesters oder eines Menschen, der das Eheleben kennt. Wie wir bereits sagten, ist die Hilfe von älteren Geschwistern unerläßlich, um zu einem vertrauensvollen Dialog zu gelangen, um die Hoffnung wiederzufinden, um die Dinge in der rechten Rangordnung zu sehen, was zum Beispiel das Geld oder die Arbeit betrifft. Oft ist es gut, ein wenig Abstand zu gewinnen, etwa indem man an Exerzitien oder an einem Kurs teilnimmt, um sich dann wiederzufinden, ohne sich wirklich verloren zu haben.

Die Gnade des Ehesakramentes ist dann eine Gnade der Geduld. Man darf nicht allzufrüh das Unkraut ausreißen wollen, damit nicht gleichzeitig der Weizen mit ausgerissen wird. Wir müssen begreifen lernen, daß das Wachstum langsam vor sich geht. So war auch das Leben in Nazareth, ein ganz alltägliches Leben, und Jesus selbst hat sich ihm unterworfen. Schwierigkeiten lassen sich nicht immer augenblicklich lösen, man muß erst über die Sache nachdenken. Wenn es auch notwendig ist, den Dialog aufrechtzuerhalten, so müssen wir andererseits doch damit einverstanden sein, nicht alles sofort zur Sprache zu bringen, um den anderen nicht zugrunde zu richten. «Alles erreicht die Geduld», sagte Theresia von Avila.

An dem Tage, wo es uns gelingt, zueinander zu sagen: «Du hast das Recht, das zu sein, was du bist», wo jeder bestrebt ist, dem anderen zu helfen, statt auf seine eigene Ruhe bedacht zu sein, ist alles gewonnen. Die durch den Schmelzofen gegangene Liebe tritt gereinigt und größer geworden daraus hervor. Kurz, es handelt sich hier um eine der wesentlichen Etappen im inneren Wachstum des Ehepaares. Das große Drama unserer Zeit besteht darin, daß wir es nicht verstehen, diese Etappe zu erkennen und mit ihr fertig zu werden, daß wir alles zerbrechen, wo doch alles gerettet werden könnte. Die heutzutage um sich greifende Verbreitung der Ehescheidungen ist eine sehr schwerwiegende Angelegenheit, denn sie nimmt den Ehepaaren den Mut, eine Lösung für ihre Probleme zu suchen. Mit der Hilfe des Herrn ist in der Gnade des Ehesakramentes immer eine Lösung möglich, und die Liebe vermag immer die Angelegenheit zum Guten zu führen.

Die Sorgen des Lebens

Meistens ist es ein wenig später der Fall, daß das Ehepaar sich einer anderen Art von Schwierigkeiten gegenübergestellt sehen kann. Ich sage mit Absicht: «sehen kann», denn ich werde jetzt versuchen, einige typische Etappen aufzuzeigen, aber damit ist natürlich nicht gesagt, daß man notwendigerweise all diesen Schwierigkeiten auch wirklich begegnen wird. Gott sei Dank ist das Eheleben kein ständiges «Duell»... Halten Sie sich also nicht für anormal, wenn Ihr Leben bis jetzt ohne bedeutende Krise verlaufen ist...

Die Erfahrung des Ehelebens geht häufig parallel zur spirituellen Erfahrung einher: es sind die gleichen Kämpfe, die gleichen Risiken und die gleichen Versuchungen, und das ist ganz normal, denn hier wie dort geht es darum, die Liebe zu lernen.

Als der Herr seinen Jüngern all die Dinge aufzählte, die das Wort Gottes daran hindern, in ihrem Herzen aufzugehen, zeigte er die Schwierigkeiten auf:

> *Unter die Dornen ist der Samen bei denen gefallen, die das Wort zwar hören, dann aber weggehen und in den Sorgen, dem Reichtum und den Genüssen des Lebens ersticken, deren Frucht also nicht reift* (Lk 8,14).

Wir sind also gewarnt. Wie aktuell kann dieses Wort in unseren Ehen sein! Da sind wir zum Beispiel zehn, fünfzehn oder zwanzig Jahre gemeinsam auf dem Weg, und wir wissen nicht mehr so recht, an welchem Punkt wir nun eigentlich angelangt sind. Die Kinder sind zur Welt gekommen, wir haben, so gut wir es konnten, für ihre Erziehung gesorgt. Wir haben versucht, ihnen die Wege zu ebnen, und trotzdem sind wir nun ganz aus der Fassung geraten über diese Jugendlichen, die wir da großgezogen haben, und wir wissen nicht mehr, wie wir mit ihnen zurechtkommen sollen. Oder aber ich habe meine ganze Kraft in die Arbeit investiert, und allmählich bin ich zu der Auffassung gelangt, daß die Familie für mich der Zufluchtsort ist, wo ich das «Recht» habe, meine wohlverdiente Ruhe zu finden. Oder ich habe mich um den höchstmöglichen Lebensstandard bemüht, und nach und nach, ohne daß es mir zum Bewußtsein kam, hat diese Suche mein ganzes Denken und Trachten in Anspruch genommen. Wir stehen einander wie Fremde gegenüber, und wir wagen es nicht, uns dies einzugestehen.

Außerdem fühlen wir, daß wir älter werden. Eine uneingestandene Angst schnürt mir manchmal die Kehle zu. Ein Verwandter ist arbeitslos geworden... Bei diesem Kollegen, jener Freundin ist ein Krebs festgestellt worden. Ich möchte mich für unverwundbar halten, aber im Grunde genommen lebe auch ich in der Angst. Daher suche ich auf alle nur mögliche Weise, mir selbst und den anderen zu beweisen, daß ich noch ganz in Form bin.

Es ist dies auch eine Zeit der Schwierigkeiten in den ehelichen Beziehungen, besonders im sexuellen Bereich, eine Zeit, da die Versuchung zur Untreue sich heranschleicht, wo man den Kopf oder das Herz verlieren kann, um sich zu beweisen, daß man noch lieben und geliebt werden kann. Was das Ehepaar selbst betrifft, so weiß man nicht mehr recht, woran man sich halten soll. Die anfängliche Glut ist erloschen, das tägliche Einerlei läßt die Seele erschlaffen. Wie soll man weiter lieben können, ohne die Hilfe von Gefühlsregungen, während das Gefühl doch wie gelähmt zu sein scheint...? Das Verlangen nach dem anderen ist an gewissen Tagen gleichsam erstorben. Ist die Gewohnheit an die Stelle der Liebe getreten? Wie kann man sie wieder hervorrufen? Ist das überhaupt möglich...? Und habe ich wirklich Lust dazu...?

Wenn ich auf rein psychologischer Ebene stehen bleibe, dann kann ich versucht sein, im Namen meiner Selbstentfaltung mich zu weigern, den gemeinsamen Weg fortzusetzen, und manche tun es auch. Manchmal kommt es zu einem Kompromiß, zu Regelungen, auch auf sexuellem Gebiet. Oft aber sieht es so aus, als ob man sich so wenig versteht, daß man nicht einmal mehr den Versuch unternimmt, miteinander zu sprechen. «Bei mir zu Hause ist es wie in einer Bahnhofhalle, man streitet sich nicht, man begegnet einander von Zeit zu Zeit in der Wohnung... Ist es im übrigen nicht besser, den Mund zu halten als sich zu streiten? Was ist dann von der «großen Liebe» noch übriggeblieben?

Der Heilige Geist, der allein alles zu erneuern vermag, wenn wir bereit sind, den Dingen klar ins Auge zu sehen und uns ihm anzuvertrauen, vermag uns in unserer Verwirrung zu Hilfe zu kommen. Wir werden dann von ihm lernen, daß die Liebe mehr ist als das, was unser Gefühl auszudrücken vermag. Sie vollendet sich mehr in der Zärtlichkeit und Treue im täglichen Leben als in großartigen Gesten und hochtrabenden Erklärungen.

Der Herr lehrt uns das Geheimnis des Lebens von Nazareth, der Heiligkeit in der Alltäglichkeit, der Tag für Tag erneuerten Gnade. Jeden Tag lerne ich von Gott aufs neue die Barmherzigkeit und das Mitleid, das heißt, für den anderen Sorge zu tragen und den anderen für mich Sorge tragen zu lassen. Haben wir einander nicht versprochen, «uns das ganze Leben lang gegenseitig zu unterstützen»?

So ist dann das «Mitteilen» unter den Ehegatten nicht mehr nur ein gemeinsames Tragen unserer jeweiligen Seelenverfassung... oder unserer Beschwerden, sondern ein aufmerksames und liebendes Hin-Hören auf den anderen. Die Verzeihung besteht nicht mehr nur darin, dem anderen das zu verzeihen, was er getan hat, sondern ihm das zu verzeihen, was er ist, und diese Verzeihung überschreitet unseren Ärger, mag er auch ganz legitim sein. Ich muß auch bereit sein, selbst um Verzeihung zu bitten.

Vor allem müssen wir lernen oder erneut lernen, Gott für seine Treue zu preisen, die größer ist als unsere Unstetigkeit. So ist nämlich die Liebe, mit welcher Gott liebt, und dies ist eine lange Lehrzeit für einen jeden von uns. Gott hilft uns Tag für Tag, den Blick, mit dem wir den anderen betrachten, rein werden zu lassen, den Weg zum Herzen des anderen und zu unserem eigenen wiederzufinden und im konkreten täglichen Leben das zu erfüllen, was wir am Anfang nur erahnt hatten.

Wir hatten geglaubt, daß die Liebe der Ehe Dauer verleiht, und wir werden uns bewußt, daß die Ehe der Liebe Dauerhaftigkeit gibt, weil Gott sich hier mit uns verbündet hat. Es ist allerdings nötig, daß wir uns gemeinsam ihm zuwenden.

So können wir die vorher noch gar nicht erahnte Tiefe der menschlichen Liebe entdecken, sowie eine Freude, die die Prüfungen nicht mehr auszulöschen vermögen. Ich beginne, mir der «mystischen» Dimension des Ehesakramentes bewußt zu werden, das gleichzeitig Zeichen und Weg ist zur Fülle des Gottesreiches und der hochzeitlichen Feier, die uns verheißen sind. Es ist die Zeit des «zweiten Alters der Liebe», eine Erneuerung des gegenseitigen Engagements, in Zärtlichkeit und Treue, in der gleichen Liebe, mit der wir von Dem geliebt sind, der niemals seinen Bund zurücknimmt.

Immer: das dauert lange

Man entdeckt heute, daß auch die Zeit des Rentenalters eine Zeit der Krise sein kann. Die lange überlegten Ehescheidungen, wenn die Kinder das Haus verlassen haben, sind keine Ausnahme mehr. Wenn das Ehepaar wieder allein ist und frei über seine Zeit verfügen kann, dann vermag man in seinem Verhalten nicht mehr zu mogeln. Außerdem muß das

Leben den veränderten Gegebenheiten entsprechend neu strukturiert werden. Manchmal läßt die Gesundheit zu wünschen übrig. Kurzum, die Angst macht sich breit und äußert sich oft durch Aggressivität gegenüber dem anderen, es sei denn, daß man sich ins Schweigen verschließt.

Das Rentenalter kann aber auch die Zeit einer Verklärung der Liebe und in der Liebe sein. Man kennt sich so gut, daß man nicht mehr viele Worte nötig hat. Es ist nicht mehr die Zeit, sich einander zu erklären, sondern gemeinsam die geschwisterliche Gemeinschaft zu leben, wie es zur Zeit der ersten Liebe war. Manchmal kommen alte Ehepaare zu mir in die Exerzitien und sagen: «Es ist jetzt wie in einer neuen Brautzeit», und sie haben recht. Nachdem der Autor des Hohenliedes die lange Suche nach der Liebe beschrieben hatte, wo jeder mit dem anderen ein Versteckspiel zu treiben scheint, beendet er seine wundervolle Dichtung, indem er die Vielgeliebte betrachtet: *Wer ist sie, die aus der Steppe heraufsteigt, auf ihren Geliebten gestützt?* (Hld 8,5). Die Vielgeliebte ist von der Sonne verbrannt, sie hat so viele Wüstenstrecken durchschritten. In den Augen des Gatten aber *bleibt sie die Frau seiner Jugend: Kann man denn die Frau verstoßen, die man in der Jugend geliebt hat?* (Jes 54,6), spricht Gott. Was hat es schon zu bedeuten, Wüsten zu durchschreiten, wenn man, auf den Arm des Vielgeliebten gestützt, aus ihnen heraufsteigt?

Ich denke an das, was mir eines Tages ein Freund, ein Ordensmann, sagte: «Ein junges Ehepaar, mein Gott, wie schön ist das... Ein altes Ehepaar aber, das ist etwas noch viel schöneres, wenn es nicht aufhört, sich mit dem ganzen Reichtum des gemeinsamen Lebens zu lieben. Dies führt dazu, daß sie einander ähnlich werden wie Bruder und Schwester. Ohne Worte verstehen sie sich, sie betrachten sich, und die Zärtlichkeit ihres Blickes ist bereits das Licht des Gottesreiches...»

Es ist die Zeit des Lobpreises, der Gedächtnisfeier, nicht mehr, um voll Sehnsucht die Vergangenheit hervorzurufen, sondern im Gegenteil, um die immerwährende Treue Gottes im Heute gegenwärtig werden zu lassen. Es ist die Zeit, den Film unseres ganzen Lebens vor unseren Augen vorüberziehen zu lassen, diesen Film, der in das Gottesreich einmünden wird. Während unseres ganzen Lebens haben wir nicht aufgehört, der ersten Liebe zu gedenken, um an die Quelle zurückzukehren, die unseren Wüsten Wasser spendet. Gemeinsam Gott loben für alles, was man gelebt und voneinander empfangen hat, sich bewußt werden, *daß denen, die Gott lieben, alles zum Guten gereicht,* das bedeutet letztenendes, allen Dingen Ewigkeitswert zu verleihen, die würdig sind, im Gottesreich ihre Fortsetzung zu finden.

Ja, wir kennen manchmal die Versuchung des Heimwehs nach der Vergangenheit und sogar die der Bitterkeit. Manchmal packt uns die Angst, weil wir nur noch einen kurzen Zeitraum vor uns haben, weil wir eines Tages unser Leben nicht mehr selbst gestalten können, weil wir schließlich mit dem Tode konfrontiert sein werden.

Es ist die Zeit, sich gegenseitig zu helfen, um sich gemeinsam den Händen Gottes zu übereignen. Er war von Anfang an getreu, und seine Treue wird kein Ende haben, wenn das Alter der weißen Haare gekommen ist. Ich habe oft festgestellt, welch großen Einfluß auf die jungen Leute die heitere Gelassenheit jener haben kann, die ihr Leben vollendet haben und die, wenn ihnen die Gnade gegeben wurde, noch zusammen zu sein, sich gemeinsam dem kommenden Gottesreich zuwenden, dieser Zukunft, die nicht auf diese Welt begrenzt ist.

Es ist gut für uns, den Mut zu haben, miteinander über den Tod zu sprechen, damit, wenn der Augenblick gekommen ist, der eine dem anderen helfen kann, aus dieser Welt zum Vater hinüberzugehen. Dies geschieht durch kleine, ganz alltägliche Gesten. Nach dem Tode meines Mannes habe ich ein kleines Heft gefunden, in welchem all das notiert war, was ich tun mußte, um den Wagen instand zu halten und keinen Ärger zu bekommen. Dieses kleine Heft ist mir nun von großem Nutzen. Gleichzeitig aber bekundet es mir noch jetzt, nach zwölf Jahren, die Gegenwart seiner Zärtlichkeit und Fürsorge. Warum soll man Angst haben, dieser Realität frei ins Auge zu sehen? Man muß es aus Liebe zum anderen und als etwas ganz selbstverständliches tun. Es geht nicht nur darum, unsere Erinnerungen miteinander zu teilen, sondern wir müssen einander in der Hoffnung bestärken.

Wege des Leidens haben wir durchschritten und Wege noch größerer Freuden, auf denen sich so oft eine geheimnisvolle Gegenwart zu uns gesellte, die wir noch nicht zu erkennen vermochten, während wir, in unseren Hoffnungen und Träumen enttäuscht, rückwärts zu schreiten suchten und dem Jerusalem unserer Hoffnung den Rücken zuwandten! Wir können ganz sicher sein: Jesus hat uns begleitet, er begleitet uns jetzt, und er wird uns begleiten auf allen Wegen der Liebe bis zu dem Tag, wo wir in das Licht des ewigen Lebens eingehen werden.

Wovor sollen wir uns also fürchten?

3. Das Mysterium Jesu, der die Liebe ist

«Ich ergänze in meinem irdischen Leben das, was an den Leiden Christi noch fehlt» (Kol 1,24).

Ja, Jesus fährt fort, in unseren Ehepaaren das Mysterium der erlösenden Fleischwerdung zu leben.

Die göttliche Liebe hatte sich in Bethanien von Maria mit kostbarer Narde salben lassen, und Jesus war sich bewußt, daß seine Stunde gekommen war.

> So gibt es Stunden, wo die Liebe des anderen uns leben läßt, uns Kenntnis über uns selbst verleiht und uns hilft, einen schwierigen Weg zu beschreiten.

Die göttliche Liebe hat sich zum Diener gemacht, und Gott hat den Seinigen die Füße gewaschen… Er hat sich zum geopferten Brot gemacht, selbst für Judas…

> So gibt es Stunden, wo man für einen demütigen Dienst zu Füßen des anderen seinen Platz einzunehmen hat und einen solchen Dienst auch annehmen muß. Es gibt Stunden, da man ausgeliefert ist, zermalmt in reinem Verlust seiner selbst.

Die göttliche Liebe hat in ihrer Agonie gleich einem Bettler die Liebe der Seinigen erfleht und wurde nicht erhört.

> So gibt es Stunden des Kampfes und der Agonie, wo man sich einer vollständigen Einsamkeit gegenübergestellt sieht..., während der andere zu schlafen scheint.

Die göttliche Liebe hat sich dem Kreuzestod ausgeliefert, nackt, von den Seinigen verlassen. Er hat vergeben, Er ist gestorben, Sein Herz war durchbohrt...

> So gibt es Stunden, da alles verloren zu sein scheint, wo nichts mehr übrig bleibt als die Verzeihung, die man gewähren will, als ein verwundetes Herz und ein Tod in der Demütigung... Schweigend aber ist die Gottesmutter da...

Die göttliche Liebe wurde ins Grab gelegt, und der Stein wurde davor gerollt...

> So gibt es Stunden, wo man sich bei einer gemeinsamen Prüfung aneinander klammern muß..., um fortzufahren, in der Nacht zu wachen und zu hoffen, wider alle Hoffnung..., um fest zu bleiben in der «seltsamen Liebe der Abwesenheit...»

Aber im wieder geöffneten Garten gibt es auch den Ostermorgen, und die göttliche Liebe ist Sieger und lebt für immer.

> So gibt es Stunden der Freude, wo die Liebe jeglichen Tod besiegt..., wo die Liebenden, die sich für immer wiedergefunden haben, gemeinsam aus der Wüste heraufsteigen und einander Stütze sind.

Das ist unser Glaube, das ist unsere große Hoffnung.

> *Die Liebe ist stärker als der Tod, auch mächtige Wasser können sie nicht löschen* (vgl. Hld 8,7).

«Es ist vollbracht…» (Joh 19,30)

Die Kirche ist das Volk Gottes, das Volk des Bundes. Wie jedes andere Mysterium darf auch das Mysterium der Kirche nicht nur von einer Seite her betrachtet werden. Wie bei einem Diamanten, der das Licht in verschiedenen Farben erscheinen läßt, so kann auch ein Mysterium von verschiedenen Seiten her betrachtet werden, und auf diese Weise können wir seinen ganzen Reichtum wahrnehmen. In ihrem tiefsten Wesen ist die Kirche weiblich, sie ist die Gattin des Lammes, die in einer nicht symbolischen, sondern mystischen Ehe im Heiligen Geiste Leib Christi geworden ist. Zu einer mystischen Hochzeit sind wir unterwegs. Unsere Ehepaare sind lebende Zellen dieses lebenden Leibes, in denen sich bereits die Hochzeit des Lammes vollziehen kann.

Mein Mann und ich, wir waren von jeher eifrige Mitglieder der Kirche. Wir haben getan, was wir konnten. Wir haben verschiedene Verpflichtungen auf uns genommen, und wir haben für die Kirche und durch sie gelitten. Ich habe dem menschlichen Antlitz der Kirche sehr kritisch gegenübergestanden…, der «Institution», wie man sagt. Eines Tages aber wurde ich wegen des Mysteriums der Kirche bis zu Tränen ergriffen, als ich ein Lied von Pater Duval hörte: «Wer hat in dieser Nacht gerufen?»

«Wer hat in dieser Nacht gerufen?
Es war meine Mutter,
sie war dabei zu gebären.
Schlaft doch nicht.
Wer hat in dieser Nacht gerufen?
Es war meine Mutter, ich sage es euch,
als Jesus Christus ihre abgemagerten Wangen
in seine Hände nahm.»

Ich habe die Kirche gesehen als eine arme alte Frau, die ganz voll Runzeln und Falten war, nach der man Steine warf, eine arme alte Landstreicherin, eine arme alte Bettlerin, und Jesus ging zu ihr hin, um sie zu umarmen, indem er zu ihr sprach: «Du bist meine Vielgeliebte, du bist für mich immer die Frau meiner Jugend...» Von diesem Tag an hatte ich die Gnade, nicht mehr auf die Kirche zu schimpfen. Ich erinnerte mich an die ersten Zeilen des Hohenliedes:

«Braun bin ich, doch schön, ihr Töchter Jerusalems...
Schaut mich nicht so an, weil ich gebräunt bin:
Die Sonne hat mich verbrannt» (Hld 1,5-6).

Unsere Kirche hat so viele Wüsten durchschritten, daß die Sonne ihre Haut verbrannt hat, für den Herrn aber bleibt sie die Braut, die Frau seiner Jugend.

Manchmal irrt die Kirche umher, denn sie sucht ihren Hirten, und sie ruft ihn:

«Du, den meine Seele liebt,
sag' mir: Wo weidest du deine Herde...?
Wozu soll ich erst umherirren
bei den Herden deiner Gefährten?» (Hld 1,7).

Manchmal suchen auch wir einander..., ohne uns immer gleich zu finden.

Bis sie die Stimme des Vielgeliebten hört, der sie ruft:

«Steh' auf, meine Freundin, meine Schöne,
so komm doch!
Denn vorbei ist der Winter, verrauscht der Regen.
Auf der Flur erscheinen die Blumen;
die Zeit zum Singen ist da.
Die Stimme der Turteltaube ist zu hören
in unserem Land.
Am Feigenbaum reifen die ersten Früchte,
die blühenden Reben duften.
Steh' auf, meine Freundin, meine Schöne,
so komm doch!» (Hld 2, 10-13).

Es ist ein Hochzeitslied, aber auch ein Ruf nach dem Gottesreich. Es ist ein Lied für den Anfang unseres Lebens, und es ist ein Lied, das wir wiederholen müssen, wenn wir am Ende angelangt sind. Wenn bei einem alten Ehepaar der eine zum anderen sagt: «Du bist jetzt noch schöner als damals, da du jung warst, und ich liebe dich...», dann können wir sicher sein, daß alles wirklich vollendet ist. Man muß es wagen, diese Dinge voreinander auszusprechen, es ist die Wegzehrung, die es erlaubt, viele Prüfungen zu durchschreiten.

Die Kirche gibt sich Gott hin in der Kontemplation aller Kontemplativen der Welt und in unserer Anbetung, die so arm ist, daß sie uns manchmal nutzlos erscheint. Durch unsere Anbetung hindurch aber ist es die Kirche, die Vielgeliebte, die ihrem Vielgeliebten entgegengeht.

Die Kirche gibt sich ihrem Gott durch unsere arme und doch so reiche menschliche Liebe hindurch, durch unsere Freuden, unsere Mühen, durch unsere Untreue und unsere Treue, die manchmal schwer fällt.

So wie die Kirche ununterbrochen ihren Herrn sucht, so haben auch wir als Ehepaar einander oft zu suchen. Wir glauben, den anderen und Gott zu ergreifen, und er entzieht sich uns. «Die Liebe der Abwesenheit» wechselt ab mit «der Liebe der Gegenwart». Die Hauptsache ist, daß man nicht aufhört, den anderen zu finden, um mit ihm, oder mir ihr, in den Garten einzutreten.

Des nachts auf meinem Lager suchte ich ihn,
den meine Seele liebt.
Ich suchte ihn und fand ihn nicht.
Aufstehen will ich, die Stadt durchstreifen,
die Gassen und Plätze,
ihn suchen, den meine Seele liebt (Hld 3,1-2).

Wir müssen die Wahrheit bis zum Ende betrachten. Wenn die Ehe und die menschliche Liebe ein Weg sind, um uns zur Gottesliebe hinzuführen, und gleichzeitig eine Offenbarung des Mysteriums Christi und der Kirche, dann haben wir, wenn einmal die Wirklichkeit gegeben ist, kein Abbild mehr nötig. Was wird dann in der Ewigkeit von unserer Ehe übrigbleiben? Wie wird es im Gottesreich sein mit der Liebe, die wir füreinander empfinden?

Als Paul Claudel von der Frau sprach, sagte er, sie sei «das Versprechen, das nicht erfüllt werden kann». Läßt sich das Gleiche nicht auch von der Ehe sagen? Die Ehe ist immer in gewissem Sinne verwundet, da im harmonischsten, glücklichsten Ehepaar im tiefsten so etwas wie eine unheilbare Einsamkeit, ein Abgrund, ein Mangel verbleibt. Man empfindet ein Heimweh nach irgend etwas, das man nicht benennen kann, das uns vollständig erfüllen könnte und das man nicht zu erreichen vermag. Diese Erfahrung machen die Kontemplativen auch im Gebet: Es ist die Erfahrung der Begrenztheit unseres Menschenherzens, das nicht bis zum Ende zu lieben vermag. Wir sind für Gott geschaffen. «Du hast uns für dich geschaffen, o Herr, und unser Herz ist unruhig, bis es Ruhe findet in Dir», sagt der heilige Augustinus. Ich würde sagen: «bis es erfüllt ist von Dir...» Nur Gott allein kann unsere

Vollendung sein, und nur im Gottesreich werden wir alles in Fülle besitzen.

Jesus hat in klaren Worten gesprochen. Wir haben bereits über die Antwort Jesu an die Sadduzäer meditiert: *Nur in dieser Welt heiraten die Menschen. Die aber, die Gott für würdig hält, an jener Welt und an der Auferstehung von den Toten teilzuhaben, werden dann nicht mehr heiraten. Sie können auch nicht mehr sterben, weil sie den Engeln gleich und durch die Auferstehung zu Söhnen Gottes geworden sind* (Lk 20, 34-35). Besteht die Ehe also nur für diese Welt? Hat man uns getäuscht, als man uns sagte, sie sei ein Sakrament für die Ewigkeit? Was wäre das für eine Ewigkeit, wo du nicht da wärest, wo unsere Liebe sich auflösen würde?

Was bleiben wird, das ist die tiefe Gemeinschaft zwischen zwei Menschen, die in jener Welt von einer jedes Maß überschreitenden Gottesliebe erfüllt sein werden. Es gibt nur eine einzige Ehe, die in ihrer ganzen Fülle vollendet ist: die Ehe zwischen Gott und der Seele…, die Ehe Jesu mit seiner Kirche. Gott will «alles in allen» sein. Das ist nicht für Theresia von Avila, Johannes vom Kreuz und die Mönche und Nonnen reserviert. Es ist das Wort Gottes. Er will alles in allen sein. Wir können nicht außerhalb des mystischen Lebens verbleiben. Gott verlangt nach uns mit einer jedes Maß übersteigenden Liebe…

> *Denn gekommen ist die Hochzeit des Lammes,*
> *und seine Frau hat sich bereit gemacht* (Offb 19,7).

Aber sind wir denn Ordensleute? Die gottgeweihte Ehelosigkeit ist das prophetische Zeichen für die Beziehung, die wir im Himmel mit Gott haben werden. Darum kann man nicht von der Ehe sprechen, ohne den gottgeweihten Zölibat zu erwähnen, ebensowenig wie man vom gottgeweihten Zölibat sprechen kann, ohne von der Ehe zu sprechen. Die gottgeweihte Ehelosigkeit ist ein Abkürzungsweg, das Zeichen dafür, daß das Gottesreich mitten unter uns bereits abwesend ist. Die Ehe ist das Zeichen des Unterwegs-Seins, des Noch-nicht-angekommen-Seins. Sowohl die einen wie auch die anderen sind auf dem Wege zur Vollendung in der Gottesliebe in ihrer ganzen Fülle.

Wenn es auch wahr ist, daß es dann keine Ehe und keine Geburt im fleischlichen Sinne des Wortes mehr geben wird, so wird doch eine privilegierte Gemeinschaft zwischen zwei Menschen bestehen bleiben, die sich geliebt haben, um sich zu helfen, sich gemeinsam der jedes Maß übersteigenden Liebe Gottes auszuliefern.

Und diese Gemeinschaft ist stärker als der Tod. Mein Gatte ist jetzt bei Gott, mit Gott vermählt, und ich bin wie der Freund des Bräutigams, *der dabei steht und sich über die Stimme des Bräutigams freut* (s. Joh 3,29), aber niemals, und das kann ich mit Sicherheit sagen, ist die Erfahrung unserer Gemeinschaft so groß gewesen wie jetzt. Man wagt es nicht, an den Tod zu denken, obwohl doch immer der eine den anderen auf diesem Wege zu begleiten hat. Eines Tages werden wir die Hand dessen, der uns verläßt, ergreifen müssen, um ihn zum Gottesreich zu geleiten und ihn Gott zu übergeben, und der andere wird den, der zurückgeblieben ist, zur gegebenen Zeit dort erwarten, und wir werden gemeinsam in die Freude Gottes eingehen.

Auch das ist die Ehe. Ich sage nicht, daß es einfach ist, denn das Herz wird dabei zerrissen, aber es ist ganz natürlich und von Licht erfüllt. Das Paschafest Gottes, der Vorübergang des Herrn in unserem Leben ist ein Tag der Geburt und auch ein Hochzeitstag... Wir müssen die Realitäten des Lebens in diesem Licht betrachten, dann werden wir unsere Angst verlieren; ich sage nicht: unser Leid, aber unsere Angst und unsere Auflehnung. Das Leben mit Gott ist etwas ganz einfaches, so einfach, daß selbst die Kinder es verstehen, da es den Kindern verheißen ist...

Dies war eines der letzten Worte meines Mannes, einige Stunden vor seinem Tod: «Weißt du, wenn man dort angelangt ist, wo ich jetzt bin, dann wird man wieder ein Kind», und das ist wahr. Ein Kind gibt sich vertrauensvoll, ohne jeden Vorbehalt, der Liebe Gottes hin. Während der Zeit unseres gemeinsamen Lebens üben wir einander in die Gottesliebe ein, wir lernen es, auf diesem Wege vorwärtszuschreiten, ein Weg, der manchmal von Leid geprägt ist, aber auch von so viel Freude, einer tiefen Freude, die tiefer ist als jedes Leid. Das Leid geht vorbei, aber die Freude bleibt, Jesus, meine Freude, unsere Freude.

Charles Peguy beschreibt am Ende seines Werkes «Note conjointe» ein Gespräch mit seinem alten Seelsorger an der Pädagogischen Hochschule: «Wir sprachen von einer Wallfahrt nach Chartres, die er jedes Jahr zu Fuß auf sich nahm, um für die Heilung eines seiner Kinder zu danken. «Glauben Sie mir, Hochwürden, ich bin den Weg nach Chartres gegangen. Erlauben Sie mir, Ihnen zu sagen, daß das Wesentliche nicht die zurückgelegten Kilometer sind und nicht die Wegweiser, an denen man vorbeigekommen ist... Es ist vielmehr das alte Holzkreuz, das an der Wegkreuzung aufgerichtet wurde, das ganz von Moos bedeckt ist und dem man es ansieht, daß es sehr alt ist. Manchmal ist Christus daran zu sehen, dann nennen wir es ein Kruzifix, einen Christus, der an ein Kreuz festgenagelt ist. Manchmal sehen wir auch nur das bloße Kreuz, ohne den Korpus, so einfach ist das. Manchmal trägt es eine Inschrift, die oft verwischt ist, und manchmal trägt es nicht einmal eine Inschrift, so einfach ist das."»

So ist unser Leben. Was uns zum Gottesreich gelangen läßt, das sind nicht so sehr die Wegweiser. Sie sind manchmal sehr nützlich, wenn wir uns in der Nacht verirrt haben. Was uns aber vorwärtsschreiten läßt, das sind die Kreuze auf unseren Wegen, mit den Wiesenblumen, die manchmal davor gestellt werden, manchmal aber auch nicht... «So einfach ist das...!»

2. Oktober 1994
am Feste der heiligen Schutzengel

Inhaltsverzeichnis

Andere Bücher aus dem Parvis-Verlag

Apostolat der heiligen Mutterschaft

Diese Bewegung wurde aus dem göttlichen Herzen Jesu und dem Unbefleckten Herzen Mariens geboren. Sie richtet sich an Mütter, die sich mit ganzem Herzen dafür einsetzen möchten.
Mariamante ist das Pseudonym der Seherin, die irgendwo in den Vereinigten Staaten lebt. Sie ist eine schlichte Mutter von drei Kindern, die zwischen dem 8. Februar und dem 11. August 1987 Gespräche mit der Mutter des Herrn und dem Jesuskind führte. Dieses Buch enthält alle Botschaften, die sie empfangen hat.
Liebe Mütter, tretet dem Apostolat der heiligen Mutterschaft bei, zu dem Euch der Herr und seine heilige Mutter so inständig einladen! Ihr werdet darin mit Freude erfüllt und mit Gnaden überschüttet werden.
192 Seiten, Format 13x20 cm *SFR 15.– DM 18.– öS 135.–*

Verlobung – warum?

Antwort an zwei Verliebte

Die Verfasser gehen darin auf rund fünfzig Fragen ein, die sich zwei Verliebten stellen können. Nun wollen sie es, nicht ohne Humor, für alle wiederholen: daß es etwas Besseres gibt als die Liebe «mit Preisnachlaß».
Gestützt auf das Wort Gottes gehen sie klar und unverblümt an die Fragen heran und flechten zahlreiche Zeugnisse von Jugendlichen ein.
Dieses Buch gibt allen Bescheid, die den Sinn der Verlobung wissen möchten. Ebenso richtet es sich an Verlobte, die sich am besten auf die Ehe vorbereiten wollen.
von Ph. und C. TIMMEL, 96 Seiten, 13x20 cm *SFR 11.– DM 13.– öS 95.–*

Eucharistische Zwiegespräche

Diese Seiten enthalten ein lebendiges, gewinnendes und begeisterndes Zeugnis von einmaligem Wert. Einem Bischof des Ostens gelingt es, die Flamme der Anbetung lebendig zu bewahren. Vermögen diese von Glauben und Frömmigkeit erfüllten Seiten für uns alle eine heilsame Ermahnung und eine gar sanfte Einladung zu sein, zum Vertiefen, ja zum Wiederentdekken, - wenn notwendig - des Sinnes und Wertes der Anbetung des lebendigen Gottes in seiner eucharistischen Gegenwart.
98 Seiten, Format 11,5x17 cm
SFR 7.50 DM 8.80 öS 65.–

Zeit für Gott

Führer für das innere Gebet

Für wen ist das innere Gebet? Und wo, wann und wie kann man es praktizieren? Eben diese Fragen finden ihre Antwort in diesem vortrefflichen kleinen Buch, reich an Beispielen und konkretem Rat.
von Pater J. Philippe, 128 Seiten, 13x20 cm
SFR 11.- DM 13.- öS 95.-

Pater Pio aus Pietrelcina

Erinnerungen an einen bevorzugten Zeugen Christi

In dieser ausgezeichneten Biographie beschreibt uns Bruder Arni Decorte besonders Pater Pios geistliche Ausstrahlung. Dieses Buch handelt von wenig bekannten Dingen. Der Leser entdeckt so die Persönlichkeit Paters Pio aus Pietrelcina, und auch die zahllosen Bekehrungen und Heilungen, die auf seine Fürbitte zurückgehen.
von A. DECORTE, 320 S., 13x20 cm *SFR 25.- DM 28.- öS 210.-*

Pater Pio **Freund Gottes – Wohltäter der Menschen**

Ein spannendes Buch: Bekehrungen, Heilungen, Wunder, Seelenschau, Bilokation... sind in kurzen Erzählungen vorgestellt.
von P. CATANEO, 176 Seiten *SFR 12.50 DM 15.- öS 110.-*

Der Schlüssel zu den Schätzen Gottes

Eine der schönsten Sammlungen von Rosenkränze, Litaneien, Novenen und Kreuzwegandachten. Damit können Sie Gebetsstunden im eigenen Heim oder bei Gebetsgruppen vortrefflich und abwechslungsreich gestalten.
von Pater Dr. F. HOLBÖCK und M.-Th. ISENEGGER
478 Seiten, 10x15 cm, Plastikumschlag, kirchliche Druckerlaubnis
SFR 19.- DM 22.- öS 165.-

Eine Hilfe für unsere Verstorbenen

Arme-Seelen-Monat

Tägliche Betrachtungen für den November

Wir finden jeden Tag eine Betrachtung mit einem Thema, eine kurze Ermahnung, ein Beispiel unserer Beziehungen mit den Verstorbenen und ein Gebet. Den Monat November lang, aber auch einen anderen Monat, wollen wir über die Lehre der Kirche bezüglich des Fegefeuers nachdenken.
von J.-M. Girardin, 220 Seiten, 11,5x17,5 cm
SFR 15.- DM 18.- öS 135.-

Medjugorje
Worte des Friedens

Die Botschaften Mariens in Medjugorje

Dieses Buch bietet die gesamten, von Cyrille Auboyneau hervorragend eingeleiteten Worte der Gottesmutter in Medjugorje seit Beginn der Erscheinungen im Jahre 1981.
Viel Glück für den, der sich in diese Worte vertieft; vor ihm öffnen sich die Tore des Lichtes.

272 Seiten, 14,5x22,5 cm *SFR 21.- DM 24.- öS 180.-*

Jesus und dein Leib

Die Sexualmoral, für Jugendliche erklärt

Diese Broschüre richtet sich an alle Christen, die sich mit den Fragen der Sexualmoral beschäftigen, vor allem aber an die Jugendlichen. Alle präzisen Probleme des sexuellen Lebens werden behandelt. Der Verfasser hat versucht, auf all die ganz konkreten Fragen einzugehen, und schließlich befaßt er sich mit der täglichen Übung der christlichen Keuschheit.

von Mgr. Léonard, Bischof von Namür , 98 Seiten *SFR 11.- DM 13.- öS 95.-*

Bleibt in Mir

Ein Weg zum inneren Gebet

Dieses Buch öffnet uns den schmalen Weg zum inneren Gebet. Wir lernen in vielen Zitaten die Erfahrungen des Johannes vom Kreuz, der Teresa von Avila, Gertrud von Helfta und anderer Gottesfreunde kennen, die aus dem inneren Gebet Inspiration und Kraft geschöpft haben. Sr. Marie-Pascale teilt uns eigene Erfahrungen mit. Seine Lehre ist dicht, aber einfach, leicht faßlich für alle und von allen nachvollziehbar.

192 Seiten, Format 13x20 cm *SFR 16.- DM 19.- öS 140.-*

Hingabe an die Vorsehung

Gott will sich um uns kümmern und stellt seine Vorsehung in den Dienst des Menschen... Die Güte Gottes ist immer zugänglich, und Christus ist gekommen, um uns Zugang zu ihr zu verschaffen. Wie können wir unser Leben auf ein solches Vertrauen zur göttlichen Vorsehung aufbauen?
Dazu gibt Evelyne Madre uns in ihrer Abhandlung einfache, wertvolle Ratschläge und greift dabei auf zahlreiche Beispiele und Anekdoten zurück.

64 Seiten, 11,5x17 cm *SFR 6.- DM 7.- öS 50.-*